Sommario

Premessa

I. ALLE ORIGINI DELLA 2ª POTENZA ECONOMICA MONDIALE

I.1. Il "miracolo giapponese"
I.2. I fattori geografico e geopolitico
I.3. Il fattore storico
I.3.1. Il periodo delle dittature militari (1185-1600)
I.3.2. L'epoca dei Tokugawa (1603-1868)
I.3.3. Il progresso dell'epoca dei Tokugawa e la storiografia marxiana

I.3.4. Dalla fine del XIX sec. alla metà del XX sec.

II. LE RADICI DEL "MODELLO GIAPPONESE"
II.1. Il "modello giapponese" e la sua sfida
II.2. La società giapponese
II.2.1. Per una comprensione della competitività delle aziende giapponesi

II.3. Per una comprensione del sistema di vita dei Giapponesi

III. LA GESTIONE DELLA CONOSCENZA E DELLE RISORSE UMANE IN GIAPPONE
III.1. *Knowledge Management (KM)*

III.1.1 Il Total Quality Management

III.1.2. Le curve di apprendimento

III.1.3. La Lean Production

III.1.4. Benchmarking e Business Process Reengineering (BPR)

III.2. Progetti di *Knowledge Management* in Giappone

III.3. Un esempio pratico di *Knowledge Management*: il caso Matsushita

III.4. *Knowledge Management* e culture a confronto

III.5. Strategia delle risorse umane in Giappone

III.5.1. La gestione strategica delle operazioni

III.5.2. La produttività

III.5.3 Company-Wide- Quality Control

IV. IL SISTEMA DI PRODUZIONE TOYOTA (*TOYOTA PRODUCTION SYSTEM*)

IV.1. Taiichi Ohno

IV.2. La Toyota Motor Company

IV.3. Le idee produttive della filosofia di Ohno

IV.4. Il sistema Toyota tra rivoluzione produttiva e adeguamento al modello fordista-taylorista

IV.4.1. Analogie del sistema Toyota con il modello di produzione fordista

IV.4.2. Analogie del sistema Toyota con il modello di produzione taylorista

IV.4.3. Differenze del sistema Toyota con il modello produttivo fordista-taylorista

IV.4.3.1. Il punto di forza del sistema Toyota: l'organizzazione

IV.5. La discussione sul modello produttivo giapponese in Italia

IV.6. I prerequisiti del modello giapponese: la difficoltà di applicazione in Occidente

IV.7. Le origini della storia economica del Giappone nella testimonianza di Taiichi Ohno

Conclusione

Bibliografia

Premessa

Nell'ultimo secolo e mezzo il Giappone si è progressivamente affermato in campo internazionale fino a diventare la seconda potenza economica mondiale. È l'unico stato non occidentale a far parte del G8, il gruppo degli otto paesi più industrializzati del mondo (Stati Uniti, Giappone, Canada, Germania, Gran Bretagna, Francia, Italia, Russia).

Dal feudalesimo al capitalismo, dal fascismo all'imperialismo, dalla sconfitta della seconda guerra mondiale alla "rinascita" con lo sviluppo economico e tecnologico, raggiunto con gli investimenti nella ricerca, con il progressivo miglioramento del *taylorismo* e con l'applicazione del sistema qualità.

I continui successi giapponesi hanno spesso suscitato lo stupore di Europei e Americani, che in più occasioni hanno parlato di "miracolo giapponese".

Le imprese giapponesi hanno raggiunto, negli ultimi anni, elevati livelli di competitività. Il presente lavoro intende analizzare le **Leve Strategiche** alla base **dell'eccellenza giapponese**.

Si ritiene di articolare il lavoro in 4 capitoli. Il 1° spiega il "miracolo" economico giapponese con gli eventi storici, senza tralasciare i fattori che li hanno condizionati: quello geografico e quello geopolitico.

Il 2° capitolo è dedicato alle radici del modello giapponese. Descrive la società, in particolare il sistema di vita, che ruota intorno al concetto di *amaeru*, vale a dire l'atteggiamento positivo nei confronti dello spirito di dipendenza, un prerequisito importante per il successo del modello stesso.

Il 3° riguarda la gestione della conoscenza e delle risorse umane in Giappone. Evidenzia la diversità di pensiero della cultura orientale e di quella occidentale: mentre per gli Occidentali la conoscenza si ottiene per via deduttiva, attraverso il ragionamento logico; per gli Orientali può essere acquisita per via induttiva attraverso le varie esperienze sensoriali. A questo proposito è riportato l'esempio dell'azienda nipponica Matsushita, che estrapolando l'esperienza tacita di un fornaio, è riuscita a costruire una macchina, di grandissimo successo, per la produzione di pane a livello domestico, codificando così la conoscenza tacita in conoscenza esplicita. Infine il 4° analizza il sistema di produzione Toyota.

I. ALLE ORIGINI DELLA 2ª POTENZA ECONOMICA MONDIALE

I.1. Il "miracolo giapponese"

La ricerca storiografica consente di spiegare il "miracolo" della trasformazione politica, economica e sociale, costitutiva del Giappone contemporaneo.

La "storia delle origini"[1] (il Giappone di oggi, infatti, non è l'antitesi ma il proseguimento del Giappone di ieri: la sua storia recente non nasce da un distacco del passato)[2], distrugge, ad esempio, il pregiudizio di considerare l'efficienza del sistema giapponese il frutto del "complesso imperiale", e non del revanscismo, l'atteggiamento politico nazionalista fondato sulla volontà di rivincita nei confronti di altri stati, dopo una sconfitta bellica; ma sfata anche luoghi comuni come quello, riportato da Antonio Guizzetti, "*di un Giappone che miscela residui di cultura feudale con forme posticce di modernità; un'immagine che include la semplificazione di una sterminata popolazione di formiche governata da leggi che riproducono lo spirito del samurai - oggi reincarnato nella figura del presidente della Nippon Steel o della Toyota Motor*"[3].

Proprio per questo, il 1° capitolo è dedicato principalmente alla storia del Giappone, senza tralasciare di fornire alcune notizie sui fattori geografico e geopolitico, che hanno influito e influiscono sul fattore storico[4].

I.2. I fattori geografico e geopolitico[5]

Il Giappone, per molti secoli, è stato escluso dai grandi movimenti politici, sociali e culturali che hanno interessato l'Asia a causa della sua posizione periferica "alla fine del mondo".

---

[1] Cfr. F. GATTI, *Storia del Giappone Contemporaneo*, Milano, Mondadori, 2002 (Biblioteca del Novecento), pp. 1-23.
[2] A. GUIZZETTI, *Attorno all'enigma giapponese*, in *Il lavoro nella sociologia*, a cura di M. LA ROSA, Roma, Carocci, 2002 (1ª ed. 1993), (Università, 117. Sociologia), p. 224.
[3] Ibid., p. 221.
[4] Cfr. P. CORRADINI, *Introduzione alla storia del Giappone*, Roma, Bulzoni, 1992 (Biblioteca di cultura, 448), pp. 17-20.
[5] AA.VV., *Dizionario Enciclopedico Italiano*, V, Roma, Istituto Enciclopedico Italiano fondato da Giovanni Treccani, 1970, lemma "Giappone".

Ugualmente, l'intero continente asiatico è stato a lungo isolato: si estende dall'Atlantico al Pacifico, in passato considerati il limite invalicabile delle famose "colonne d'Ercole", che l'eroe della mitologia greca avrebbe innalzato per vietare agli uomini di spingersi oltre, affrontando i pericoli dell'oceano sconosciuto, dell'ignoto.

Al di là del Giappone 20.000 Km di Oceano Pacifico, anche se disseminato di isole, ha impedito il flusso continuo di traffici e lo scambio di idee, usi e costumi, almeno fino ad epoca recente, con la costa occidentale dell'America.

Il Giappone è una monarchia costituzionale ereditaria dal 1889. La costituzione del 3 novembre 1946 ha tolto all'imperatore ogni attributo divino: è solo il simbolo dello stato e dell'unità del popolo.

Il potere legislativo è dato alla *dieta*, formata da 2 camere: la *camera bassa* o dei *rappresentanti*, costituita da 500 membri eletti a suffragio universale diretto ogni 4 anni (dal 1996, 200 con scrutinio proporzionale di lista e 300 in collegi uninominali); e la *camera alta* o dei *consiglieri*, composta da 252 membri eletti per 6 anni e rinnovabili al 50% ogni tre anni.

Il potere esecutivo è del governo, presieduto dal *primo ministro* e responsabile di fronte alla *dieta*. Il potere giudiziario è esercitato dalla *corte suprema* e dai *tribunali locali*.

Sul piano amministrativo il Giappone è diviso in 44 prefetture (*ken*); 2 prefetture urbane (*fu*): Kyoto e Osaka; e una metropoli (*to*): Tokyo.

La moneta è lo *yen*. La lingua ufficiale, scritta con caratteri cinesi, è il giapponese; ma le classi colte parlano in genere l'inglese. Le religioni predominanti sono il buddismo e lo shintoismo, divisi in molte scuole. Il confucianesimo ha perso molto della sua primitiva influenza. Esistono, inoltre, minoranze protestanti, cattoliche e greco ortodosse.

I.3. Il fattore storico[6]

Secondo le leggende tradizionali, l'impero giapponese sarebbe stato fondato dall'imperatore Jimmu Tenno, discendente della dea Amaterasu Omikami, l'11 febbraio del 660 a.C., data che ancora oggi viene considerata festa nazionale, anniversario della fondazione del Giappone[7]. Con Jimmu Tenno iniziava una lunga serie di imperatori impegnati nella progressiva sottomissione delle popolazioni del Giappone[8].

Tra i primi successori, Tingo Kogo conduceva i Giapponesi a una spedizione in Corea contro il regno di Silla (*Shinra*). Durante l'impero del figlio Ojin, in Giappone venivano introdotte la scrittura e la civiltà cinese. Quando era imperatore Kinmei (540-571), nell'arcipelago entrava il buddismo, favorito dalla famiglia Soaga e avversato, senza successo dalle famiglie Monobe e Nakatomi, difensori del culto tradizionale delle divinità indigene.

---

[6] Per notizie più approfondite sulla storia del Giappone v. anche W.G. BEASLEY, *Storia del Giappone moderno*, Torino, Einaudi, 1969 (Piccola Biblioteca Einaudi); R. BERSIHAND, *Storia del Giappone*, Bologna, Cappelli, 1961; P. BEONIO BROCCHIERI-A. BOSCARO, *Storia del Giappone e della Corea*, Milano, Marzorati, 1972; *Capire il Giappone*, a cura di E. COLLOTTI PISCHEL, Milano, Angeli, 1999; P. CORRADINI, *Il Giappone e la sua storia 2*, Roma, Bulzoni, 2003; D. DE PALMA, *Storia del Giappone contemporaneo. 1945-2000*, Roma, Bulzoni, 2003; J.W. HALL, *L'impero giapponese*, Milano, Feltrinelli, 1969; N. KONRAD, *Breve storia del Giappone politico*, Bari, Laterza, 1936; M. MUCCIOLI, *Il Giappone*, Torino, UTET, 1970.
[7] Cfr. CORRADINI, *Introduzione alla storia del Giappone*, pp. 27-29.
[8] Gli storici moderni tendono a negare l'esistenza di un personaggio storico capace di coalizzare le tribù di immigrati, per condurle alla graduale conquista dell'arcipelago.

I contatti con la Cina, nel VII sec., davano frutti con il *Codice in 17 articoli* di Shotoku Taishi, e con la *Riforma dell'era Taikawa* (645-649), che iniziavano la trasformazione del Giappone sul modello della Cina dei T'ang.

Nel 710 veniva fondata Nara, la prima città giapponese in cui veniva stabilita la capitale. Prima di allora la sede dell'imperatore e del governo si era sempre spostata da una località all'altra[9].

Durante il periodo in cui Nara era capitale si succedevano 8 imperatori, dal 710 al 794, e c'era una grande fioritura dell'arte, dell'architettura e della poesia. Nel 794 l'imperatore Kwammu spostava la capitale a Kioto, che lo resterà fino al 1868.

Nell'era Heian (794-1186) il potere politico era nelle mani dei Fujiwara. Questa famiglia deteneva tutte le più alte cariche, trasformava la corte di Kioto in un ambiente raffinato, inaugurando un periodo d'oro per la letteratura. Raggiungeva il suo apogeo intorno al 1000 a.C. con Fujiwara-no-Michinaga, genero di tre imperatori e nonno di quattro.

Con la morte di Michinaga, l'indebolirsi del potere centrale portava alla ribalta le grandi famiglie militari, prima i Taira e i poi i Minamoto. Dapprima i vincitori erano i Taira, che portavano al comando Kiyomori (1118-1121).

I.3.1. Il periodo delle dittature militari (1185-1600)

Dopo la vittoria sui Taira, Yoritomo, capo del clan Minamoto, si proclamava (1192) generalissimo (*shogun*)[10], spostava la capitale a Kamakura, 20 Km a sud di Yokohama, e instaurava una dittatura, lo "*shogunato*", destinato a durare fino al 1867. Inaugurava così un lungo

---

[9] Ibid., p. 31.
[10] *Shogun* è la più alta carica militare.

periodo in cui lo *shogun* era il sovrano *de facto*, mentre l'Imperatore era sovrano *de iure*, una figura ieratica che risiedeva nella corte corrotta di Kioto.

Alla sua morte, nel 1199, il potere "*shogunale*" passava alla famiglia del suocero Hojo Tokimasa e ai successori. Tra i discendenti, Hojo Tokimune (1251-1284) aveva il merito di aver salvato il Giappone dalle invasioni dei Mongoli (1274-1281).

Il periodo Muromaki (1392-1573) era caratterizzato dallo sviluppo di un ceto di mercanti all'ingrosso, di cambiavalute, di usurai, di trasportatori, che costituiva il primo nucleo di una borghesia urbana; e da rapporti commerciali con il continente, interrotti dopo i primi contatti del VII sec., e ripresi con vigore nel sec. XVI, quando (1542) i primi Occidentali, commercianti e missionari spagnoli, sbarcavano nell'arcipelago. Arrivavano così in Giappone le armi da fuoco e la tecnica militare europee; e il Cristianesimo, accolto con molto favore. Agli inizi del XVII sec. erano presenti circa 300.000 cristiani fra la popolazione giapponese.

I.3.2. L'epoca dei Tokugawa (1603-1868)

Nel 1603 con Ieyasu cominciava l'epoca dello "*shogunato*" dei Tokugawa o di Yedo, la città che il nuovo imperatore aveva eletto a sede della sua famiglia. Iniziava un periodo di pace, assicurata per due secoli e mezzo mediante un controllo poliziesco, fondato sul predominio politico sociale della nobiltà militare (*daimyo*), di corte (*kuge*) e dei *samurai*, sul resto della popolazione ridotta in schiavitù.

Dal 1633-1639 il Giappone veniva chiuso al mondo esterno: agli indigeni era vietato uscire, e agli stranieri era vietato entrare. Gli unici stranieri a fare eccezione erano gli Olandesi, che erano liberi di esercitare i loro commerci, sotto stretta sorveglianza, solo a Deshima, un isolotto nel porto di Nagasaki.

Durante il governo di questa famiglia il Giappone, grazie alla pace in cui era immerso, viveva in un rigoglioso sviluppo. Ma, con il tempo, erano emersi i difetti e le ingiustizie di questa struttura sociale. Il movimento culturale degli *wagakusha* e le ricerche della scuola storica di Mito portavano a considerare lo *shogun* come un usurpatore del potere imperiale. Verso la fine del XIX sec., il popolo giapponese era ormai pronto per la rivolta[11].

I.3.3. Il progresso dell'epoca dei Tokugawa e la storiografia marxiana

Con il dominio dei Tokugawa il Giappone usciva da circa due secoli di guerre interne e viveva in un periodo di pace interna e stabilità politica. Ciò favoriva il progresso.

C'è un luogo comune storiografico secondo il quale il progresso sociale, economico e scientifico apparterrebbe solo all'Occidente europeo. In base a questa visione gli altri paesi sarebbero rimasti immersi in una stasi profonda, da cui li avrebbe salvati solo il contatto con la civiltà europea, portatrice di progresso e modernizzazione. La storiografia occidentale era stata condizionata dal positivismo, dall'idealismo, e dal marxismo.

Per il marxismo il progresso passa attraverso determinati stadi: spinta dalla lotta di classe l'umanità andrebbe incontro al dominio delle strutture economiche da parte di classi diverse, di volta in volta sfruttatrici delle classi oppresse. La lotta di classe sarebbe la molla di una trasformazione: la classe sfruttata diviene classe dominante, e determina il passaggio delle società

---

[11]Per notizie più approfondite sull'epoca dei Tokugawa cfr. ibid., pp. 1-12; e pp. 71-84.

umane attraverso diversi stadi, dallo schiavismo al feudalesimo, fino al capitalismo. Al capitalismo si oppone la lotta della classe operaia, la cui vittoria dovrebbe portare all'avvento del socialismo e da qui, in un futuro lontano, ma sicuro, si dovrebbe passare al comunismo, ad una società senza classi e quindi senza sfruttati e sfruttatori.

Questo schema idealistico, che aveva avuto un certo impatto nelle masse, conquistate dall'immagine della prossima società di uguali, poteva essere applicato alla storia dell'Europa occidentale.

Ma già lo stesso Marx rifletteva sull'applicabilità dello schema a tutti i paesi, particolarmente a quelli asiatici. E, mentre per la civiltà occidentale aveva ipotizzato un modo di produzione schiavista (riferito all'antichità), un modo di produzione feudale e un modo di produzione capitalista; per l'Asia teorizzava l'esistenza di un *modo di produzione asiatico*, fondato sull'esercizio dispotico del potere da parte della classe dominante, un modo di produzione statico che avrebbe impedito il progresso[12].

Wittfogel parlava di *dispotismo orientale* e di *civiltà idrauliche*. Secondo lo studioso il dispotismo in Oriente era necessario: c'era l'esigenza di compiere grandi lavori per il contenimento delle acque e la regolazione dei fiumi (dal Nilo, all'Indo, al Fiume Giallo), e questi lavori potevano essere effettuati solo da un potere dispotico e centralizzato[13].

---

[12]Per notizie più approfondite cfr. K. MARX-F. ENGELS, *India, Cina, Russia. Le premesse per tre rivoluzioni*, a cura di B. MAFFI, Milano, Il Saggiatore II°, 1970 (I gabbiani, 84); e G. SOFRI, *Il modo di produzione asiatico: storia di una controversia marxista*, Torino, Einaudi, [1969] (Piccola Biblioteca Einaudi, 121).
[13]Cfr. ibid., pp.133-139, paragrafo intitolato "Wittfogel e il 'dispotismo orientale'", e pp. 139-147, "Wittfogel e gli orientalisti".

La periodizzazione marxiana non è applicabile al Giappone[14], per il quale non si può parlare di *modo di produzione asiatico*: Karl Marx fondava le sue conoscenze su quello che era noto dell'Asia in Europa ai suoi tempi.

Numerosi storici marxisti giapponesi hanno tentato di applicare lo schema alla storia del paese, ma senza successo: Il Giappone non è stato statico ed inoltre non ha mai avuto un potere centrale dispotico come gli altri paesi dell'Asia[15]. Ha avuto un'evoluzione propria e diversa, favorito in questo dalla perificità, dall'insularità, e dalla stabilità dei Tokugawa, famiglia che faceva tesoro delle riforme di Toyotomi Hideyoshi.

I.3.4. Dalla fine del XIX sec. alla metà del XX[16]

Il Giappone era estraneo da oltre due secoli ad ogni contatto con l'Occidente, quando gli Stati Uniti e le potenze europee si dedicavano alla massima espansione commerciale e coloniale. Per questo motivo, l'8 luglio 1853, le quattro "navi nere" degli Stati Uniti sotto il comando di M.C. Perry si presentavano in Giappone, portando un messaggio del presidente M. Fillmore, che chiedeva l'apertura del paese agli Occidentali. Lo *shogun* Tokugawa Iesada, nonostante l'opposizione dei *daimyo*, il 31 marzo 1854 firmava il *trattato di amicizia di Kanagawa* e consentiva l'apertura dei porti di Shimoda e Hakodate, con diritto di aprire a Shimoda dopo 8 mesi una rappresentanza diplomatica. Nel 1858 gli Stati Uniti stipulavano anche un

---

[14] M. DEL BENE, *Marxismo in Giappone*, in AA.VV., *Dizionario di storiografia*, XVI, Milano, Mondadori, 1996.

[15] R.N. BELLAH, *Tokugawa religion. The values of pre-industrial Japan*, New York, The Free Press, 1957.

[16] CORRADINI, *Introduzione alla storia del Giappone*, pp. 12-168; e GATTI, *Storia del Giappone contemporaneo*, pp. 85-163.

trattato di commercio, e ottenevano l'apertura di altri porti; lo scambio di rappresentanti diplomatici e consolari; il riconoscimento del diritto extraterritoriale e, di maggiore importanza e su richiesta giapponese, il riconoscimento al presidente degli Stati Uniti delle funzioni di mediatore nelle controversie fra il Giappone e le altre potenze. Poco dopo anche la Gran Bretagna, la Russia, i Paesi Bassi e la Francia si sottoponevano alle stesse condizioni.

L'apertura al mondo occidentale non durava a lungo e il malcontento giapponese costringeva l'imperatore Komei (1847-1867), il 25 luglio 1863, a cacciare gli Occidentali.

Alla morte dell'imperatore Komei (1867) e con l'ascesa al trono di Mutsuhito (1868-1912), si aboliva lo "*shogunato*" e veniva trasferita la capitale a Yedo, chiamata con un nuovo nome: Tokio. Il nuovo imperatore era autore di grandi riforme nel ramo dell'economia, della finanza, dell'istruzione e dell'amministrazione. Nel ramo amministrativo, ad esempio, aboliva la feudalità dei *daimyo* e istituiva le prefetture; prendeva a modello l'Occidente: l'esercito non era più prerogativa assoluta dei *samurai*, ma diventava nazionale e fino al 1945 aveva le stesse caratteristiche di quello tedesco. La marina, invece, prima istruita dagli Olandesi, seguiva i modelli inglese e americano. Contemporaneamente e sempre sui modelli occidentali cominciava a svilupparsi un'industria grande e moderna, in grado di presentarsi nei mercati mondiali.

L'evoluzione giapponese era favorita dai rapporti politici e commerciali con il mondo asiatico, e ciò era la causa del malcontento di non poche nazioni. Così con la *1ª guerra mondiale* il Giappone cercava di consolidare stabilmente le sue posizioni in Asia. Solo la fine della guerra, con il *trattato di Washington* del 22 dicembre, arrestava la sua politica espansionistica.

Il decennio che seguiva era un periodo di crisi, che continuava negli anni Trenta, con il fascismo giapponese: c'era un crescente aumento della popolazione (nel 1936 venivano censiti 70.000.000 di abitanti) e i paesi stranieri limitavano l'immigrazione giapponese; era necessario trovare sbocchi per la produzione industriale in modo da controbilanciare l'importazione delle materie prime; c'era il risveglio delle masse operaie e contadine, organizzate in potenti sindacati; si sviluppavano tendenze di estremo nazionalismo fra il ceto militare e gli intellettuali; e l'espansione industriale trovava sempre più ostacoli e barriere doganali.

Nella *2ª guerra mondiale* il Giappone si schierava con le potenze dell'Asse e concludeva, il 26 settembre 1940, il *Patto Tripartito*. All'energica presa di posizione degli Stati Uniti (congelamento delle ricchezze giapponesi, e embargo sulle importazioni), il Giappone rispondeva il 7 dicembre 1941, attaccando di sorpresa Pearl Harbor nelle Hawaii, al fine di eliminare completamente la flotta americana del Pacifico.

Da questo momento, di vittoria in vittoria, il Giappone si impadroniva di tutta l'Asia sud orientale: Hong-Kong, Singapore, le isole della Sonda, le Filippine, l'Indocina, Rangoon; il Siam ne accettava la supremazia. Nel 1942 i Giapponesi attuavano la sfera di *co-prosperità della più grande Asia orientale*. Ma questo era l'ultimo sforzo di espansione: gli Anglosassoni nel 1943 respingevano i Giapponesi fino ad assediarli nelle loro isole; e il 6 e 9 agosto 1945 due bombe atomiche venivano sganciate su Hiroshima e Nagasaki.

Il 10 agosto 1945 il Giappone chiedeva la resa. Perdeva Sachalin, le Caroline, la Manciuria e la Corea. Ridotto ai suoi possessi insulari, veniva occupato dalle forze statunitensi, e posto sotto la sorveglianza di una *commissione alleata*. Le sue condizioni erano spaventosamente gravi, peggiorate anche dalla politica degli Stati Uniti, che intendeva ridurre il potenziale del Giappone.

Solo dal 1947 gli Stati Uniti, spinti dalla crescente tensione con l'URSS e dal successo comunista in Cina, si impegnavano a rimettere in piedi il paese, puntando sull'industria, sulla politica e sulle forze armate.

La guerra con la Corea (1950) accresceva l'importanza del Giappone nell'Estremo Oriente e ne faceva un importante punto di equilibrio nell'Asia Orientale, anche se l'arcipelago era legato agli Stati Uniti da collaborazione economica, politica e militare[17].

II. LE RADICI DEL "MODELLO GIAPPONESE"

II.1. Il "modello giapponese" e la sua sfida

Negli anni Ottanta Ezra F. Vogel, uno dei maggiori studiosi e conoscitori della realtà giapponese, scriveva un libro provocatorio e di successo: *Japan as n. 1*. Più che il titolo, che in italiano si potrebbe tradurre con "Il Giappone primo della classe", erano provocatori il sottotitolo *Lessons for America* ("Lezioni per l'America"), e il contenuto.

Il "miracolo giapponese" veniva presentato come una sfida aperta all'America e all'Occidente, destinati a cedere il passo ad un'economia ed ad

---

[17]Per la guerra di Corea cfr. CORRADINI, *Introduzione alla Storia del Giappone*, pp. 161-163.

una società di successo, generata dalla conservazione dei legami fondamentali del "gruppo" e dal risparmio dell'energia usata nel perseguire l' "individualismo", che gratifica il singolo ma è deleterio (secondo Vogel) per lo sviluppo e la crescita sociale. Vogel, inoltre, descriveva il modo in cui il Giappone era riuscito a ricostruire la propria economia distrutta dalla guerra, e a creare un'industria competitiva su tutti i mercati mondiali[18].

Capisaldi del "modello giapponese" sono il *just in time* e la **produzione snella**, combinate con la **comunità di interessi** (il cosiddetto **collettivo virtuoso**), le **relazioni industriali**, i **sindacati di livello aziendale** e un **sistema occupazionale che garantisce**, a meno della metà della forza lavoro, **un'occupazione a vita**[19].

Ma il "modello giapponese", nonostante le provocazioni di Vogel, non è esportabile in Occidente[20]. Probabilmente lo è in altri paesi che condividono i fondamenti confuciani della concezione del mondo e della vita, per cui il gruppo di appartenenza è più importante dell'individuo; dove è diffuso e apprezzato il senso del ruolo sociale; dove il *pubblico* (non inteso nel senso di statale) prevale sul *privato*. Altri "miracoli" sull'esempio giapponese, infatti, si stanno verificando in Oriente: a Hong Kong, a Singapore, nella Corea del Sud e a Taiwan, sempre in paesi che fanno parte della stessa area culturale, il cui modo di intendere la vita e i rapporti umani è sostanzialmente identico.

---

[18] E.F. VOGEL, *Japan as n. 1. Lessons for America*, Tokyo, Tuttle, 1980. Ma v. anche P. CORRADINI, *Introduzione alla storia del Giappone*, Roma, Bulzoni, 1992 (Biblioteca di cultura, 448), pp.188-190.
[19] Cfr. *Il lavoro nella sociologia*, a cura di M. LA ROSA, Roma, Carocci, 2002 (1ª ed. 1993), (Università, 117. Sociologia), p. 218.
[20] V. anche ibid., p. 217.

Alcuni studiosi, tutt'ora, ritengono che l'Europa possa e debba accettare la sfida di una attivazione delle tecniche e delle modalità di produzione giapponesi, ovvero dell'importazione del "modello giapponese". Ma mentre vengono tentati gli esperimenti della "giapponesizzazione", applicando tecniche specifiche, come **produzione snella**, *just in time*, **circoli di qualità** e **qualità totale**, nello stesso Giappone si evidenziano i primi segnali di riconsiderazione del modello stesso, sia per ragioni economiche (il modello funziona solo in tempi di sviluppo accelerato), sia per ragioni sociali e culturali (pensiamo alla nuova cultura dei giovani giapponesi)[21].

Questo 2° capitolo sarà dedicato alle analisi delle radici culturali, religiose e sociali del "modello giapponese", e si baserà soprattutto su due scritti di studiosi giapponesi, Chie Nakane e Takeo Doi[22].

II.2. La società giapponese

Per descrivere la società giapponese Chie Nakane usa due parole: *attributo* e *struttura*. Secondo lo studioso i "gruppi" possono essere identificati nei seguenti opposti criteri:

1- il primo si fonda sull'*attributo* comune dell'individuo. *Attributi* sono ad esempio "professore", "impiegato", "studente", "dirigente", "tornitore". Un *attributo* lo si può acquisire, non solo possedere dalla nascita.

2- il secondo si fonda sulla posizione che un individuo occupa in una determinata *struttura*, che può essere un luogo, un'istituzione o una relazione particolare che associa un insieme di individui in un gruppo. *Strutture* sono

---

[21] V. ibid, p. 218.
[22] C. NAKANE, *La società giapponese*; e T. DOI, *Alle radici del modello giapponese*; ambedue in ibid., rispettivamente pp. 225-234, 235-241.

ad esempio "addetti dell'università X", "membri della società Y", "membro di un villaggio Z". La *struttura* è frutto delle circostanze[23].

In ogni società gli individui sono riuniti in gruppi o in strati sociali sulla base di *attributi* e *strutture*. La coscienza di gruppo dei Giapponesi dipende in modo particolare dalla *struttura*. Infatti, quando un giapponese deve definire la sua posizione sociale dà la precedenza all'istituzione, più che all'attività lavorativa che svolge. Anziché dire "sono un tipografo" o "sono un impiegato" preciserà che appartiene al "gruppo editoriale A" o alla "società B".

Questo perché nell'identificazione del gruppo di appartenenza una *struttura*, come l'azienda, è di fondamentale importanza, mentre l'*attributo* individuale è secondario (all'interlocutore giapponese non interessa il lavoro che l'individuo svolge). Ne è una prova il fatto che all'interno delle aziende giapponesi viene usato un abito di lavoro comune a tutti, dagli operai ai dirigenti.

Anche negli ambienti intellettuali domina lo stesso criterio. Tra i laureati ha maggiore importanza non il fatto di possedere un determinato titolo di studio, ma in quale università è stato conseguito. E ciò favorisce il rafforzamento dell'istituzione, sia essa una scuola, un'università o un'azienda.

Per capire più approfonditamente la coscienza di gruppo giapponese basta riflettere su alcune parole usate dai Giapponesi: *uchi* (la mia casa) per indicare il posto di lavoro, l'organizzazione, l'ufficio o la scuola a cui si appartiene; *otaku* (la tua casa), in riferimento al luogo in cui lavora un'altra persona; *Kaisha*, la mia (o la nostra) azienda. Quasi sempre, infatti, l'azienda

---

[23]Ibid., pp. 225-226.

garantisce l'intera esistenza sociale di una persona, e di conseguenza condiziona la sua intera vita. Per i Giapponesi la "società A" appartiene più che ai suoi azionisti, ai suoi dipendenti. Anche in molte aziende occidentali un dipendente può sentirsi molto legato all'impresa, ma non sarà coinvolto emotivamente allo stesso livello di un giapponese. Ciò contribuisce ad indebolire i legami di parentela. Un fratello sposato che vive in un'altra famiglia è considerato una specie di estraneo[24].

II.2.1. Per una comprensione della competitività delle aziende giapponesi

Nelle aziende giapponesi non ci sono operai in lotta contro i capitalisti e la direzione, ma una "società C" che si contrappone ad una "società D". Notiamo come in Giappone la competizione è tra gruppi paralleli dello stesso tipo, il nemico è tra chi appartiene alla stessa categoria. In Occidente questi gruppi si coalizzerebbero. Ecco perché in Giappone la competizione avviene, per citare alcuni esempi, tra le università, tra i licei, tra le aziende siderurgiche, tra le società di *import-export*.

In Giappone l'importanza dell'istituzione (sia una scuola, una università o un'azienda) è determinata dall'età della stessa. Le scuole di più antica istituzione sono a un livello superiore, ma in questo caso non si deve tralasciare la variabile costituita dal numero degli studenti che superano gli esami d'ammissione alle università prestigiose.

Risaliamo alle origini di questa concezione. Gli studi degli esperti di sociologia rurale spiegano che la posizione gerarchica delle famiglie, un

---

[24]Chie Nakane, a questo proposito, spiega che i doveri e gli obblighi verso il parente si limitano allo scambio periodico di saluti e regali e alla partecipazione alle cerimonie più importanti, come ad esempio un matrimonio, cfr. NAKANE, *La società giapponese*, in ibid, p. 228.

tempo, era determinata dall'antichità dell'insediamento nel villaggio e, in piccola misura, dalla ricchezza. Chie Nakane riferisce che nel passato ogni comunità di villaggio compilava annualmente un registro di famiglia, detto *Kotohyo*, e in esso venivano ordinate dal vertice alla base, con un'ulteriore suddivisione interna in classi basata sulla ricchezza, sul reddito effettivo, e sull'abilità di guadagnare denaro. La valutazione era formulata dai membri del consiglio del villaggio dopo un'attenta osservazione della vita quotidiana degli abitanti[25]. Questo tipo di classificazioni stimolava la competizione tra famiglie. I contadini più anziani ricordano ancora alcuni episodi: "*si faceva di tutto pur di alzarsi prima dei vicini, poiché si riteneva che il numero effettivo delle ore lavorative corrispondesse al volume della produzione. Così, per cercare di impedire che i propri rivali si alzassero alla stessa ora, si apriva la porta con grande cautela e si evitava di trasportare attrezzi agricoli rumorosi per non farsi sentire passando davanti alle loro case*"; e non mancano casi in cui la competizione raggiungeva livelli estremi, e a questo proposito Chie Nakane scrive "*In un villaggio relativamente povero una donna anziana mi confessò di aver provato il più grande piacere della sua vita assistendo all'incendio del magazzino del vicino*"[26].

Se è vero che la competizione contribuisce allo sviluppo economico, ed è importante per il consolidarsi del "gruppo", che è un obbiettivo fondamentale per il *manager* giapponese; è altrettanto vero che la competizione genera un dispendio di energie. Chie Nakane scrive: "*In Giappone è sufficiente dire «i cavoli sono buoni», per vedere gli agricoltori mettersi a piantare i cavoli*" e "*l'anno successivo i cavoli inondano il mercato, e marciscono nei campi*".

---
[25]Ibid., p. 230.
[26]Ibid., pp. 230-231.

Riguardo al successo di alcuni editori per una collana economica, lo studioso riporta un'esperienza personale: *"Un giorno uno degli editori più prestigiosi mi chiese di dargli delle idee per la sua nuova collana economica. A mia volta gli domandai perché intendesse fare come tutti gli altri; mi rispose «Non se ne può fare a meno, rende. Nessun concorrente alla pari con noi ha rinunciato ad una scelta del genere»"*[27].

II.3. Per una comprensione del sistema di vita dei Giapponesi

In Giappone il sistema di vita ruota intorno al concetto di *amaeru*, tipico ed esclusivo della lingua giapponese. *Amaeru* è "quell'atteggiamento positivo nei confronti dello spirito di dipendenza"[28].

Per comprendere il concetto di *amaeru*, e di conseguenza il sistema di vita giapponese, sono molto utili gli studi di Takeo Doi, nati dalla sua esperienza personale, quando nel 1950 si era recato in America. Lo studioso racconta che, essendo un ospite, un americano gli aveva chiesto: "ha fame? Abbiamo del gelato se lo gradisce". E che questo tipo di domanda lo avesse imbarazzato. Un giapponese, infatti, non chiederebbe mai ad un estraneo: "ha fame?", ma gli offrirebbe quello che ritiene opportuno. E ricorda ancora un altro episodio personale: ad una gentilezza di un superiore aveva ringraziato dicendo: "mi dispiace", e non "grazie", come farebbe un qualsiasi occidentale. "Grazie", infatti, per i Giapponesi è una forma confidenziale da evitare con un superiore[29].

---

[27] Ibid., p. 231.
[28] DOI, *Alle radici del modello giapponese*, in ibid., p. 239.
[29] Ibid., pp. 235-236.

Takeo Doi, inoltre, notava che era abitudine degli Americani chiedere agli ospiti se preferivano una bevanda alcolica o analcolica, e se veniva scelta ad esempio la prima, bisognava specificare quale bevanda alcolica, senza dimenticare di chiarire quanta se ne voleva e in che modo doveva essere preparata. Per i Giapponesi tutto ciò non ha alcuna importanza.

Lo studioso, inoltre, precisava che l'espressione americana "*please help yourself*" (si serva prego) urtava la sensibilità giapponese, che usa prevenire i desideri dell'ospite, servendolo. Secondo la cultura giapponese "*abbandonare a se stesso un invitato che non conosce la casa, dicendogli di «servirsi da solo», costituirebbe una forma assai grave di scortesia*"[30].

Tutti questi episodi ci chiariscono il sistema di vita giapponese e quanto sia radicato l'atteggiamento positivo nei confronti dello spirito di dipendenza (l'*amaeru*), tanto avversato dalla cultura occidentale, ma costituente una solida base per il successo del "modello"[31].

III. LA GESTIONE DELLA CONOSCENZA E DELLE RISORSE UMANE IN GIAPPONE

III.1. *Knowledge Management* (KM)

Per la maggior parte degli Occidentali le organizzazioni produttive giapponesi costituiscono un enigma. Senza essere troppo efficienti,

---

[30]Ibid., pp. 236-237.
[31]In Occidente al posto dell'*amaeru* si potrebbe solo incoraggiare l'AMP (Atteggiamento Mentale Positivo). Bonasia spiega che il successo di un'azienda è basato sull'AMP. V. dispensa di C. BONASIA, *Laboratorio di abilità relazionali*, Facoltà di Scienze Manageriali dell'Università degli studi "G.D'Annunzio" di Chieti-Pescara, a.a. 2003/204, 1ª lezione, p. 8.

imprenditoriali o progressiste, hanno conquistato, lentamente e inesorabilmente, una posizione di rilievo nel mercato internazionale.

Ikujiro Nonaka e Hirotaka Takeuchi sostengono che il loro successo si fonda sull'esperienza nella "creazione di conoscenza organizzativa", in altre parole sulla capacità di creare nuove conoscenze, di diffonderle al proprio interno e di tradurle in prodotti, servizi e sistemi.

Le imprese giapponesi si distinguono nel produrre innovazione secondo un processo incrementale continuo. Il loro primeggiare è frutto dell'innovazione continua, che è attuata guardando al contesto esterno e agli scenari futuri, anticipando i cambiamenti nei mercati, nelle tecnologie, nella competizione e nei prodotti. Proprio l'operare in un mondo caratterizzato dall'incertezza le ha favorite, costringendole costantemente a rendere obsolete le stesse acquisizioni. Ma la caratteristica di mettere da parte perfino prodotti e prassi di comprovato successo è propria di tutte le imprese più floride, non solo di quelle giapponesi.

L'incertezza, inoltre le ha spinte alla ricerca delle conoscenze possedute oltre i confini dell'organizzazione. Si sono continuamente rivolte ai fornitori, ai clienti, ai distributori, alle agenzie governative e anche alla concorrenza, per ricercare nuove capacità. Esse producono continuamente innovazione, usando il legame fra la dimensione esterna e quella interna. La conoscenza che deriva dall'osservazione della realtà esterna viene condivisa a tutti i livelli, determinando un processo di conversione, dall'esterno all'interno e viceversa, in forma di sistemi innovativi[32].

---

[32] I. NONAKA-H. TAKEUCHI, *The Knowledge-creating company. Creare le dinamiche dell'innovazione*, a cura di U. FRIGELLI e K. INUMARU, Milano, Guerini e Associati, 2001 (1ª ed. 1997), pp. 27-31.

Il KM è una disciplina manageriale che studia la conoscenza organizzativa e si occupa di individuare le metodologie e gli strumenti atti alla sua gestione, attraverso l'innovazione culturale, organizzativa e tecnologica.

Drucker, che è stato uno dei primi ad interessarsi del Giappone dal punto di vista manageriale[33], identifica nella conoscenza la nuova base per la competizione in una società postcapitalista. Romer la definisce la risorsa che non si consuma[34]. Significativa, in proposito, è la definizione di Nonaka: "*È anzi la capacità sistematica di creare conoscenza organizzativa ad aver consentito all'impresa giapponese di trovare sempre nuove vie di uscita dalla crisi*"[35]. Quindi sapere è potere.

Per comprendere meglio il significato della parola "conoscenza" è opportuno analizzare le origini, prendendo spunto dai significati che gli attribuiscono la filosofia occidentale e quella orientale. In Occidente la ricerca filosofica sulla conoscenza è chiamata "epistemologia"[36], che si basa prevalentemente sul pensiero razionalista, sostenendo le possibilità di ottenere la conoscenza per via deduttiva, attraverso il ragionamento logico. In Oriente, invece, prevale il pensiero "ontologico" con il relativo empirismo in base al quale la conoscenza può essere acquisita in via induttiva attraverso le varie esperienze sensoriali, codificando così la conoscenza tacita in conoscenza esplicita.

---

[33]S. DE VIO, *Dagli Stati Uniti al Giappone: andata e ritorno. La nuova competizione industriale*, Torino, ISEDI, 1985, p. 30.
[34]P.F. DRUCKER, *Post capitalist society*, Oxford, Butterworth Heinemann, c. 1993 (rist. New York, Harper Business) 1994; A. ZAPPI, *Prima di tutto l'uomo. La gestione della conoscenza e delle risorse umane: dalla teoria alla pratica*, I, Pescara, Libreria dell'Università Editrice, 2004 (Collana di Studi e Ricerche Manageriali diretta da Giuseppe Paolone. EA, 6), p. 11. NONAKA-TAKEUCHI, *The Knowledge-creating company*, pp. 31-33.
[35]Ibid., p. 45.
[35]Dal greco *epistéme* 'conoscenza'; e dal greco *lógos* 'discorso'.

A parlare per la prima volta di conoscenza tacita e di conoscenza esplicita sono stati i 2 studiosi giapponesi Nonaka e Takeuchi, precisando che si tratta di conoscenza eplicita o tangibile, quando si fa riferimento a informazioni strutturate (come dati, brevetti, documenti, strategie, regole, procedure), quindi a qualcosa di codificato, disponibile, tangibile, facilmente trasmissibile e conservabile; e di conoscenza tacita o intangibile, che riguarda informazioni espresse non in forma documentale (come le competenze, i valori, le intuizioni, la capacità, la reputazione, l'esperienza e la conoscenza della singola persona che lavora in un'azienda), vale a dire qualcosa che esiste, ma non è codificato ed è solo potenzialmente disponibile.

Notiamo subito la diversità di pensiero derivante da due culture profondamente differenti: la cultura orientale e quella occidentale. Comunque, Nonaka e Takeuchi[37] hanno saputo cogliere il lato in comune tra i due pensieri per i quali la conoscenza è una "credenza dimostratasi vera", così come sostenne per la prima volta Platone nel *Menone*, a ciò segue che quello a cui si crede può anche non essere vero[38]. Creare conoscenza in un'azienda equivale a creare il successo dell'azienda stessa:

Creazione di conoscenze

⇓

Innovazione continua

⇓

---
[37]Ibid., *passim.*
[38]Ibid., pp. 50-52.

Vantaggio competitivo

FIG. 1: La conoscenza come risorsa competitiva

Ogni individuo è in grado di contribuire alla creazione di conoscenza. Per questo motivo molte aziende giapponesi concedono ai dipendenti tempo libero da "utilizzare" per generare nuove idee[39]. Il contributo dato dalle persone rende l'azienda unica e irripetibile nel suo genere e le permette di dominare in certi ambiti concorrenziali.

In questo modo viene dato grande valore al capitale intellettuale, che si rivaluta sempre, non si consuma, appartiene alle persone. Per capire maggiormente l'importanza che i Giapponesi danno alla conoscenza, leggiamo questo proverbio orientale: *"Se vuoi mangiare oggi, raccogli; se vuoi mangiare fra un anno, semina; se vuoi mangiare fra 5 anni, pianta; se vuoi mangiare fra 30 anni, educa"*[40]. I prossimi paragrafi saranno dedicati alle teorie che hanno posto le premesse del *Knowledge Management*.

III.1.1. Il Total Quality Management

È una teoria che si è sviluppata principalmente presso le aziende giapponesi negli anni '50. Rivolge l'attenzione alle competenze delle persone, alla loro formazione, alle esperienze personali che possono aiutare l'azienda a risolvere i problemi presenti nell'ambito produttivo. Il fulcro di questa teoria è rappresentato dall'apprendimento che migliora l'attività

---

[39] Cfr. ibid., pp. 139-174 (per gli aspetti teorici); pp. 139-174 (per gli aspetti pratici); pp. 263-294 (nella prospettiva globale).
[40] Il proverbio è stato riferito dal prof. Antonio Zappi, durante le lezioni dell'a.a. 2003/2004, di *Gestione della conoscenza e risorse umane*, presso la facoltà di Scienze Manageriali dell'Università degli Studi "G. D'Annunzio" di Chieti-Pescara.

pratica di produzione attraverso un'analisi del passato che facilita, conseguentemente, anche l'attività futura. L'attenzione viene riservata non alla singola persona, ma all'organizzazione nel suo complesso per cui è un'attività partecipativa quella che riesce a sviluppare meglio le tecniche di produzione.

Questa teoria si avvicina al pensiero del *Knowledge Management* in quanto considera fonte importante per il successo aziendale l'elemento umano, non solo dal lato interno (dipendenti, collaboratori), ma anche dal dato esterno (gli stessi clienti).

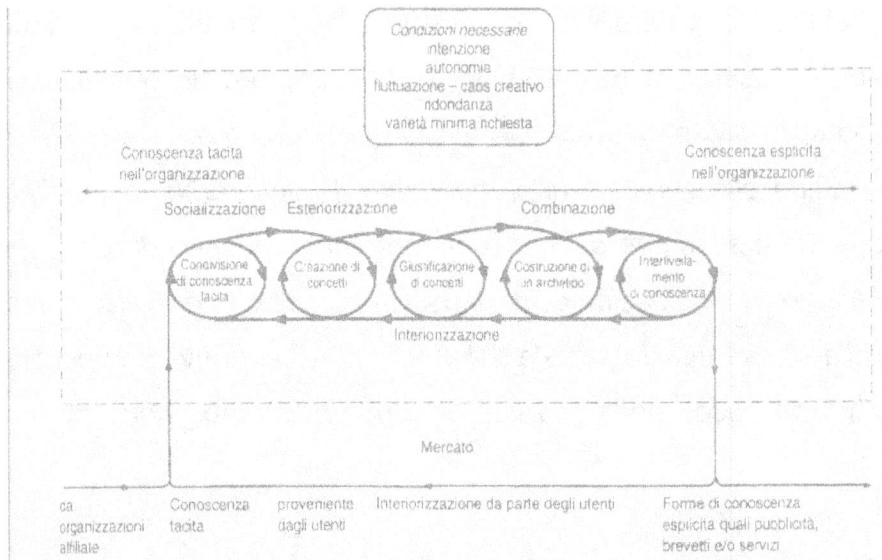

TAB. 1: Il modello a cinque fasi del processo di creazione di conoscenza organizzativa[41]

---

[41] Ibid., p. 131.

III.1.2. Le curve di apprendimento

È un modello che consente di ridurre i costi unitari di prodotto, grazie all'aumento della produzione in conseguenza dell'abbattimento dei costi diretti di manodopera per effetto della crescita di esperienze degli addetti. L'organizzazione che avrà successo sarà quella che saprà stimolare l'impegno e la capacità di imparare della gente a tutti i livelli organizzativi[42].

I Giapponesi si sono dimostrati molto bravi nell'uso di questo modello. Due applicazioni, in un certo senso alla rovescia, nelle quali i Giapponesi sono dei maestri risultano il *design to-cost* e il *reverse engineering*. Nel primo caso la progettazione del prodotto viene eseguita nel rispetto di un vincolo predeterminato di costo; nel secondo caso si prende un prodotto di un concorrente attuale o potenziale, lo si studia e si impara a riprodurlo, migliorandolo. In questi due casi il costo è un vincolo ed un obbiettivo e il processo produttivo è lo strumento. De Vio, a questo proposito, scrive: "*Una stategia che affida alla curva di apprendimento il miglioramento qualitativo del prodotto tende a scaricare sul consumatore finale gli oneri di una qualità non soddisfacente. Solo altissimi costi di assistenza possono ovviare, anche se in parte, alla scarsa qualità iniziale del prodotto. Nella nuova competizione industriale questo uso della curva di apprendimento non è molto consigliabile*"[43].

III.1.3. La Lean Production

---

[42]Cfr. P.M. SENGE, *The fifth discipline. The art and practice of the learning organization*, New York, Doubleday currency, c. 1990.
[43]DE VIO, *Dagli Stati Uniti al Giappone*, p. 70.

Questa teoria è molto vicina al modello del *Total Quality Management*. È sorta in Giappone, e precisamente presso la Toyota; pone la sua attenzione principalmente sull'organizzazione e sul miglioramento continuo dei prodotti, rispettando i bisogni del mercato e minimizzando il più possibile le spese. È un modello agile di gestione della produzione, imperniato più sulla valorizzazione dell'uomo che sulla innovazione tecnologica. Questa teoria tende a stimolare i gruppi di lavoro per migliorare i risultati.

Le aziende giapponesi sono consapevoli del fatto che il mercato è incline alla richiesta di prodotti diversificati e che non c'è più spazio per le aziende produttrici di un mono-bene. C'è l'esigenza di immettere sul mercato le novità, che colpiscano l'interesse del consumatore in modo continuo. Ecco perché in azienda non è più importante **saper fare bene una cosa**, ma diventa fondamentale **sapere fare più cose.** Gli stessi dipendenti devono essere in grado di svolgere più compiti, in modo da diversificare la produzione utilizzando le medesime risorse[44].

III.1.4. Benchmarking e Business Process Reengineering (BPR)

Il *benchmarking* prevede una comparazione sistematica da parte delle aziende, delle proprie prestazioni con quelle dei migliori competitori per individuare le migliori prassi aziendali, che portano ad una prestazione superiore. Per capire meglio questa teoria possiamo riflettere sulla massima del generale cinese Sun Tzu "*Conosci il tuo nemico e conosci te stesso; in cento battaglie non sarai mai in pericolo*".

---

[44] E. MOUNIER, *Che cos'è il personalismo*, Torino, Einaudi, 1948.

Il *Business Process Reengineering* (BPR), invece, nasce negli U.S.A. intorno ai primi anni Novanta, quando l'attenzione era rivolta soprattutto ad una maggiore efficienza produttiva. È un modello che orienta la sua attenzione sul cliente[45].

III.2. Progetti di *Knowledge Management* in Giappone

Ogni azienda ha modi diversi di approccio ad un progetto di *Knowledge Management*. Ma la tematica di fondo è sempre quella di diffondere maggiormente la conoscenza in tutta l'organizzazione ed evitare di renderla disponibile a poche persone.

Interessante in proposito è il discorso che l'economista Matsushita ha rivolto ad un gruppo di industriali americani in visita in Giappone: "*Noi vinceremo e voi perderete; e non potrete fare più di tanto, perché le ragioni della vostra sconfitta sono in voi stessi. Le vostre organizzazioni sono tayloristiche; ma quel che è peggio è che lo sono anche le vostre teste. Siete profondamente persuasi di gestire bene le vostre aziende considerando da una parte il personale direttivo, dall'altra il personale esecutivo; da una parte coloro che pensano, dall'altra quelli che avvitano. Secondo voi management è l'arte di fare passare adeguatamente le idee dalle teste dei capi alle mani degli operai [...] Secondo noi, il management è l'arte di mobilitare e di convogliare tutta l'intelligenza di tutte le persone in funzione degli obiettivi della impresa [...] Soltanto l'intelligenza di tutte le persone che vi lavorano permetterà alle aziende di affrontare la turbolenza e le domande del nuovo ambiente*"[46].

---

[45]M. SARGIACOMO, *Il comportamento manageriale e best-practice nell'azienda USL*, Torino, Giappichelli, 2003, pp. 145-146.

Il problema più importante, secondo questa dichiarazione, nasce dalla necessità di valorizzare il patrimonio cognitivo di tutti i membri dell'organizzazione. Gli individui scambiano e "combinano" conoscenze attraverso i documenti, gli incontri, le conversazioni telefoniche, le reti informatiche di comunicazione. Nonaka e Takeuchi vedono nella riconfigurazione delle informazioni esistenti attraverso lo smistamento, l'aggiunta, la combinazione e la categorizzazione di conoscenze esplicite la possibilità di creazione di nuove forme di conoscenze.

In ambito economico questa modalità di conversione di conoscenza può essere osservata nel *management* intermedio che svolge un ruolo decisivo nel creare nuovi concetti attraverso la diffusione di informazioni e conoscenze codificate. L'impiego delle reti informatiche di comunicazione e dei *database* facilita questa modalità di conversione della conoscenza. Le tecnologie di informazione e di comunicazione utilizzate a tal fine sono il VAN (*Value Added Network*), l'*e-mail*, il sistema POS (punti di vendita), il "*Groupware*" per CSCW (*Computer Supported Cooperative Work*) e il CAD/CAM (*Computer Aided Design Manufacturung*)[47]. Al contrario delle altre risorse, la conoscenza individuale non si trasferisce da un individuo ad un altro per ordine di un superiore.

L'azienda automobilistica Honda, ad esempio, organizza periodicamente degli incontri al di fuori del posto di lavoro, in luoghi di vacanza, nel corso dei quali i partecipanti discutono i problemi da risolvere, seduti in comode

---

[46]Cfr. la dichiarazione di Matsushita, presidente della Matsushita Electric Industrial C. Ltd, ad alcuni ospiti occidentali in D'EGIDIO F.-MOLLER C., *Vision and leadeship*, Milano, Angeli, 1992. E anche ZAPPI, *Prima di tutto l'uomo*, II, pp. 45-46, n. 34.
[47] NONAKA-TAKEUCHI, *The Knowledge-creating company*, p. 110.

poltrone o bevendo *sakè* presso fonti termali[48]. Sembra improduttivo, ma la pratica ha dimostrato il contrario: le soluzioni migliori sono state individuate proprio in condizioni non stressate dalla quotidianità degli impegni d'ufficio e/o di fabbrica. C'è da aggiungere che la partecipazione a questi incontri non è riservata esclusivamente ai membri del *team* del progetto, ma sono aperti a tutti quelli che vogliono prenderne parte.

Tutto ciò non è un'invenzione della Honda: viene praticato anche da altre aziende come la Xerox e la Daichi Pharma, che hanno creato dei locali detti "*distributed coffee pot*" e "*talk room*", in cui gli incontri avvengono in modo del tutto informale, in pieno *relax*, bevendo caffè[49].

Sulla base di quanto detto notiamo che chi conta, anche in azienda, è innanzitutto l'uomo. I *manager* devono essere seriamente impegnati in un progetto di "umanizzazione", nel senso di miglioramento delle tecniche di comunicazione. Senza dimenticare che la comunicazione è innanzitutto per l'uomo e deve essere a sua misura, e quindi deve essere:

-**ascolto** o meglio condivisione

-**scambio**, per contribuire alla crescita e all'arricchimento degli interlocutori

-**sociale**, per creare degli spazi di relazione.

Ai Giapponesi va il grande merito di avere capito che le persone sono risorse importanti non solo come forza lavoro, ma come accumulatori e generatori di risorse invisibili, che costituiranno la fonte competitiva nel prossimo futuro[50].

III.3. Un esempio pratico di *Knowledge Management*: il caso Matsushita

---

[48] Ibid., p. 103.
[49] Ibid., p. 104 e seg.
[50] V. H. ITAMI, *Le risorse invisibili*, Torino, GEA ISEDI, 1988,, pp. 35-36.

La Matsushita è un'azienda giapponese produttrice di elettrodomestici. Nel 1977, in seguito ad un calo delle vendite, ha pensato di immettere sul mercato un nuovo elettrodomestico: l'*Home Bakery*, che serviva per fare il pane in casa. Ma il prototipo, realizzato in base alle sole conoscenze dei componenti del *team* della Matsushita, non aveva successo.

A questo punto l'azienda decideva di acquisire sul campo elementi conoscitivi del processo di panificazione. E affiancava un membro del *team* ad un fornaio di un prestigioso *hotel* di Tokyo, che aveva la reputazione di produrre pane di alta qualità. La Matsushita capiva che il segreto della qualità del pane stava nel modo in cui veniva arrotolata la pasta. "I trucchi del mestiere" (vale a dire la conoscenza tacita del fornaio) venivano esplicitati grazie al membro del *team*. La Matsushita con questo prodotto aveva un enorme successo. La fama si diffondeva velocemente e nel 1987 la stessa azienda realizzava la macchina giapponese per il caffè, dotata anche del macinacaffè per i chicchi, che preparava il caffè con lo stesso aroma del bar. Anche il nuovo prodotto sarà di grandissimo successo: la metà circa delle macchine per il caffè vendute in Giappone sarà della Matsushita.

La Matsushita si poneva un obbiettivo: ogni dipendente doveva essere non solo un buon lavoratore, ma anche un buon cittadino, un buon esempio nella propria famiglia e nella società. Forniva più tempo libero ai lavoratori, riducendo di conseguenza le ore lavorative. In questo modo otteneva un maggiore sviluppo della creatività dei singoli; aumentava l'impegno degli stessi nel ricercare le cause di inefficienza; e favoriva un miglioramento della relativa produttività.

Prodotto (azienda)	Metafora-analogia	Influenza sul processo di creazione di concetti
Modello City (Honda)	«Evoluzione dell'automobile» (metafora)	Suggerimento di massimizzare lo spazio per il passeggero come sviluppo futuro dell'auto. Creazione del concetto di «massimizzazione dell'elemento umano e di minimizzazione di quello meccanico».
	La sfera (analogia)	Idea di acquisire il massimo spazio possibile per il passeggero riducendo al minimo l'ingombro. Creazione del concetto di «auto alta e corta» (Tall Boy).
Mini-Copier (Canon)	Lattina di birra in alluminio (analogia)	Idea di una somiglianza fra una lattina di birra (poco costosa) e la produzione di un cilindro fotosensibile. Creazione del concetto di «processo manifatturiero a basso costo».
Home Bakery (Matsushita)	Pane da Grand Hotel (metafora) Capofornaio dell'Hotel internazionale di Osaka (analogia)	Idea di un pane di qualità più squisita. Creazione del concetto di «torsione e arrotolamento della pasta».

TAB. 2: Metafora e/o analogia nella creazione di concetti nel processo di sviluppo prodotti[51]

III.4. *Knowledge Management* e culture a confronto

La cultura occidentale e quella orientale hanno delle enormi differenze. Riguardo al KM considerano le conoscenze esplicite e tangibili, facilmente spiegabili e trasmissibili. Gli Orientali e più specificamente i Giapponesi, invece, parlano di conoscenze tacite, che non possono essere trasmesse.

---
[51] NONAKA-TAKEUCHI, *The Knowledge creating-company*, p. 108.

Questa impostazione è generata dallo stato di incertezza che, per almeno mezzo secolo, ha avvolto la cultura giapponese. Un'incertezza che era conseguenza delle 2 guerre mondiali e dei successivi conflitti in Corea e in Vietnam, che hanno impedito nella fase iniziale l'apertura dei prodotti giapponesi ai mercati mondiali, dominati dagli Stati Uniti. In questo clima di "sfiducia" i prodotti nipponici venivano considerati di qualità mediocre, anche se offerti a basso prezzo.

Ma i Giapponesi hanno avuto la loro grande rivincita, anticipando i cambiamenti e rispondendo alle esigenze di mercato grazie al *Knowledge Management* con una nuova tecnologia, un nuovo approccio tecnologico di *marketing*; una rinnovata forma di distribuzione; un orientamento al servizio del cliente, più avanzato; un differente processo produttivo. A questo proposito Nonaka osserva: "*Le imprese motociclistiche giapponesi hanno saputo prevedere i bisogni crescenti del segmento giovanile e sono riuscite a rispondervi con l'offerta di modelli più piccoli e meno potenti, disdegnati dalla concorrenza perché di importanza secondaria e in quanto fonte di guadagni più limitati[52]*".

---

[52]Ibid., p. 29.

Organizzazione giapponese	Organizzazione occidentale
• enfasi sul gruppo • orientamento alla conoscenza tacita • abitudine alla socializzazione e all'interiorizzazione • enfasi sull'esperienza • rischio di scivolare nel «pensiero di gruppo» e in un «eccessivo adattamento ai successi passati» • difficoltà a definire finalità organizzative non ambigue • autonomia del gruppo • determinazione di caos creativo attraverso la sovrapposizione di compiti • frequente fluttuazione nel top management • ridondanza di informazioni • produzione della varietà minima richiesta attraverso l'impiego di team interfunzionali	• enfasi sull'individuo • orientamento alla conoscenza esplicita • abitudine all'esteriorizzazione e alla combinazione • enfasi sull'analisi • rischio di «paralisi da iperanalisi» • finalità organizzative chiaramente definite • autonomia individuale • determinazione di caos creativo attraverso le differenze individuali • scarsa fluttuazione nel top management • scarsa ridondanza di informazione • produzione della varietà minima richiesta per effetto delle differenze individuali presenti

TAB. 3: Confronto fra approccio giapponese e approccio occidentale nella creazione di conoscenza organizzativa[53]

---

[53]Ibid., p. 266.

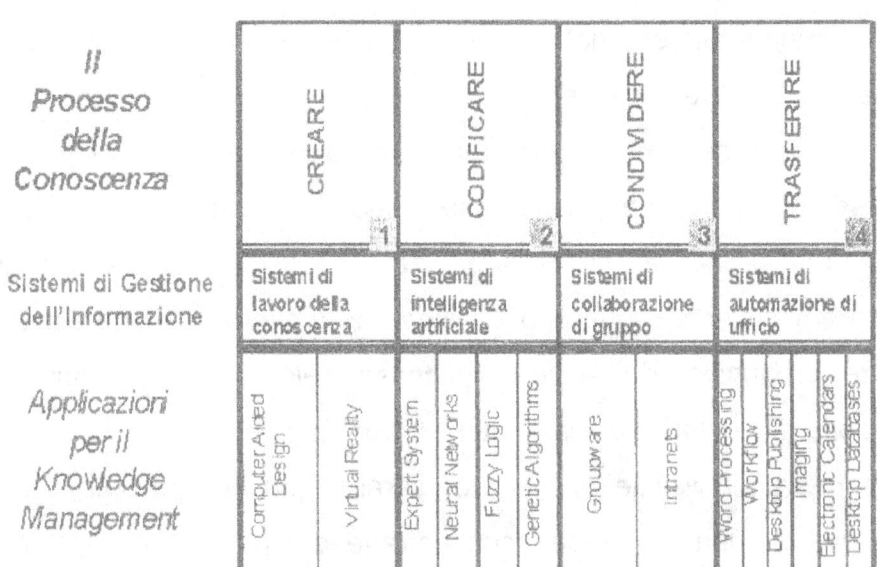

TAB. 4: Rapporto tra il processo della conoscenza, i sistemi di gestione dell'informazione e le applicazioni tecnologiche per il KM[54]

III.5. Strategia delle risorse umane in Giappone

Il Giappone è il paese con il più alto tasso di sviluppo, con il più elevato tasso d'innovazione, con la più alta produttività, ed è soprattutto il nuovo maestro di gestione delle risorse umane. Prima degli anni Ottanta, dal 1930 al 1970, il posto era ricoperto dagli Stati Uniti, a cui era stato ceduto dalla Francia, dall'Inghilterra e dalla Germania che nell'Ottocento e nei primi decenni del Novecento erano considerati paesi guida.

A livello mondiale la qualità diventa il tema di attualità. Si guarda al Giappone come alla realtà nella quale le risorse umane sono il fattore

---

[54]Cfr. ZAPPI, *Prima di tutto l'uomo*, I, p. 36.

strategico, il più importante investimento, il vero capitale aziendale. In questo contesto la direzione del personale ha piena legittimazione e molto spesso è una funzione di primo livello dal vertice.

Le risorse umane del modello giapponese si identificano con i lavoratori non solo flessibili e polivalenti, ma anche disposti ad eventuali prestazioni straordinarie (di orario e di competenza). Questo requisito genera conseguenze ambivalenti: da un lato si esige che i lavoratori siano asserviti alle esigenze produttive, dall'altro il successo dell'impresa è totalmente dipendente dalla disponibilità dei lavoratori. A questo punto il comportamento lavorativo diventerà più visibile e i lavoratori saranno più intercambiabili, ma è anche vero che aumenterà la capacità astratta del potere dei lavoratori. Quindi il *management* dovrà consolidare un quadro di relazioni industriali in cui i dipendenti non usino la capacità di "vulnerazione".

Per una comprensione più approfondita della strategia complessiva della gestione delle risorse umane sono utili alcune osservazioni sulle forme dello sviluppo della tecnologia. Per introdurre l'argomento riflettiamo sulla favola della lepre e della tartaruga di La Fontaine, che racconta di una gara tra una tartaruga ed una lepre, vinta dalla tartaruga che si affrettava lentamente, anziché dalla lepre, che rallentava perché convinta della troppa facilità della gara.

Questa favola inquadra 2 modelli di comportamento, presenti nello sviluppo tecnologico all'interno di un'impresa. Il primo[55], che richiama il comportamento della lepre, è a gradini, a salti strategici, pochi balzi in avanti nei momenti critici; il secondo[56] è una serie ininterrotta di aggiustamenti, il cui

---

[55] V. grafico 1 della FIG. 2.
[56] V. grafico 2 della FIG. 2.

effetto cumulativo porta frutti nel tempo.

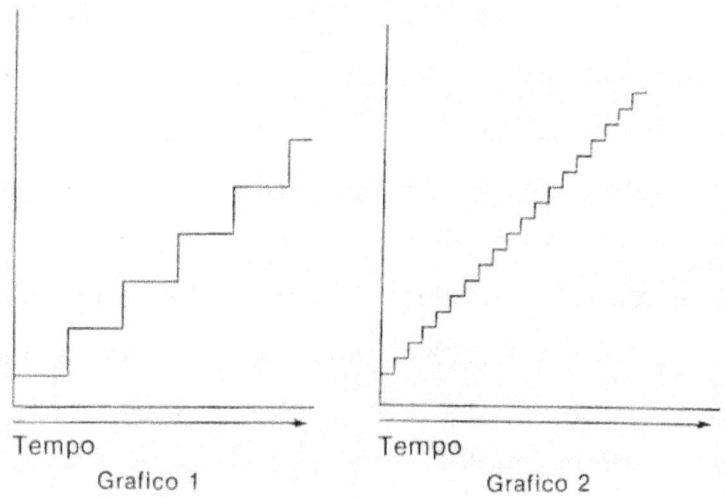

FIG. 2: Due strategie di *management*, "la lepre" (grafico 1) e "la tartaruga" (grafico 2)[57]

La prima strategia di sviluppo tecnologico richiede un intenso lavoro di *staff*, di un gruppo interno ed esterno di promotori e di specialisti, di ingenti mezzi finanziari con impiego concentrato nel tempo. È molto rischiosa. Per realizzarla non sono necessari grandi formazioni e addestramenti perché, come scrive Sergio de Vio: *"le abilità sviluppate potrebbero essere rese obsolete dalla mossa successiva, e non è necessaria una conoscenza diffusa della tecnologia, della conduzione delle operazioni e tanto meno delle opzioni strategiche"*[58].

---

[57] DE VIO, *Dagli Stati Uniti al Giappone*, p. 67.
[58] Ibidem.

La seconda strategia è meno concentrata nel tempo. L'impegno finanziario è diluito cronologicamente e in tanti piccolissimi progetti, o meglio in continue azioni quotidiane. Richiede conoscenze tecniche diffuse verso il basso, non di basso livello, ma a basso livello: un grande sforzo di formazione e di addestramento, rapporti di lavoro di lungo periodo, partecipazione allargata (circoli di qualità, suggerimenti, etc...). Sergio De Vio, riguardo a ciò, scrive: "*Il rischio della strategia incrementale è di essere superati 'in volata', come si dice in gergo sportivo*"[59]. Si tratta del rischio che ha coscientemente affrontato la tartaruga. Il rischio a cui è andata incontro incoscientemente la lepre, invece, è di non potere saltare al momento opportuno per mancanza di energia, perché cede il piede di sostegno o perché è semplicemente troppo tardi.

La strategia migliore è la combinazione delle due sopra descritte: l'impresa che progredisce con continuità è in grado di saltare al momento opportuno. Questa è la lezione giapponese, che gli Americani stanno assimilando.

La scelta del modello di sviluppo e di gestione della tecnologia (modello della lepre e modello della tartaruga), deriva da una diversa concezione del tempo e del cambiamento. Il contrario di cambiamento per gli Occidentali è il non cambiamento, l'immutabilità: se una cosa non cambia, resterà identica. Per gli Orientali il contrario di cambiamento non è la cessazione di movimento, ma una regressione, vale a dire la crescita di qualcosa di indesiderato[60].

---

[59]Ibid., p. 68.
[60]Cfr. ibid., pp. 66-68.

II.5.1. La gestione strategica delle operazioni

Secondo la pratica corrente, nella funzione di produzione si individuano 8 categorie di decisioni:

1- capacità produttiva

2- localizzazione

3- integrazione verticale

4- tecnologie e processi produttivi

5- forza lavoro

6- controllo di qualità

7- programmazione della produzione e controllo materiali

8- organizzazione

Le prime 4 categorie sono di natura strategica e quindi di competenza dell'alta direzione; mentre le restanti categorie sono di natura essenzialmente operativa e delegabili ai livelli manageriali intermedi[61].

I Giapponesi hanno inventato una nuova categoria gestionale definita *strategic operations policy*. L'espressione "*il buon Dio si nasconde nel dettaglio*" aiuta a capire questa politica strategica delle operazioni.

Dalla lezione giapponese impariamo che l'enorme distanza che c'è tra i luoghi decisionali e i luoghi operativi dovrebbe scomparire in favore di strutture più fluide, senza soluzioni di continuità[62].

III.5.2. La produttività

Sergio De Vio scrive: "*Il recupero della produttività è un'azione continua e non deve essere una reazione ad uno stato di emergenza. Il miglioramento*

---

[61]V. ibid., p. 73.
[62]Ibid., p. 74.

costante rispetto alle prestazioni passate è un obiettivo strategico, uno strumento di competizione. Non ci si affida ad una specie di 'big bang theory' e cioè a salti improvvisi, a rotture nella crescita della produttività"[63].

I Giapponesi si pongono sempre obiettivi di miglioramento, studiando a fondo anche gli aspetti più minuti del processo produttivo. Questo studio implica non solo ricerca nella tecnologia applicata, ma anche nelle scienze di base. Così un economista industriale ha sintetizzato l'approccio giapponese: "*Quando stavo esaminando l'altoforno ad Ogishina, la mia guida disse: «ciò che può apparire a te come un altoforno, per i nostri ingegneri è come un pezzo di laboratorio»...Uno dei più importanti requisiti per la reale ristrutturazione delle aziende e degli impianti è di identificare chiaramente l'importanza dei miglioramenti resi necessari per assicurare la competitività per gli anni a venire...Questo profondo impegno è associato ad altre due caratteristiche particolari: una grande attenzione alla ricerca di processi di miglioramento e un maggiore impegno nello sviluppare le basi scientifiche del processo produttivo fondamentale. La prima caratteristica differisce, naturalmente, dall'attenzione dominante per i miglioramenti del prodotto nelle ricerche sull'acciaio condotte negli Stati Uniti; la seconda è in contrasto con la maggiore attenzione americana per i miglioramenti 'pratici' immediati, basati in misura considerevole sull'abilità d'ingegneria e su un sostanziale miscuglio di improvvisazione e di metodo 'trial and error' nella ricerca sperimentale*"[64].

Notiamo come i Giapponesi considerano i loro stabilimenti in una condizione permanente di avvio o, per usare un termine tecnico, di *start-up*,

---

[63] Ibid., p. 75.
[64] Ibidem.

quando tutta l'attenzione è concentrata a risolvere piccoli e grandi problemi di regolazione delle attrezzature in genere, delle procedure operative, del flusso dei materiali. I Giapponesi operano in base alla filosofia del *debugging*, secondo la quale riguardo al processo di produzione, non bisogna chiedersi se sia giusto o sbagliato, ma se si può migliorare.

La produttività, infatti, è un processo continuo, strettamente legato all'apprendimento organizzativo, che non deve produrre soltanto prodotti, altrimenti sarebbe inefficiente e inefficace, ma deve creare anche conoscenze. Si tratta di un'importantissima concezione, nata per la prima volta nel 1957 da G.E.P. Box, che spiegava che esisteva apprendimento organizzativo quando dalla prassi produttiva emergevano informazioni che consentivano di progettare cambiamenti[65]. Proprio questo è l'approccio giapponese: nella cultura sono profondamente radicati lo sperimentalismo e l'antidogmaticità[66].

Ecco come la produttività può essere espressa in forma sillogistica:

A- Occidente

1- Se l'impresa X dispone dei mezzi necessari può fronteggiare la concorrenza.

2- L'impresa X dispone dei mezzi necessari.

3- L'impresa X può fronteggiare la concorrenza.

B- Oriente

1- L'impresa X ha i mezzi necessari per fronteggiare la concorrenza.

---

[65]Ibid., p. 76.
[66]Per citare un esempio: il concetto di conoscenza pratica nella corrente di pensiero neoconfuciana.

2- Sarebbe ancora meglio disporre di mezzi più efficaci per vincere la concorrenza.

3- Bisogna quindi studiare più accuratamente la concorrenza per meglio prepararsi.

Il ragionamento B prende come premessa minore ciò che nel ragionamento A è la premessa maggiore. Si articola sull'imperfezione dello stato delle cose attuale, il che mette continuamente in dubbio la proposizione maggiore. Sergio De Vio in ciò riconosce una forma di sillogismo 'ruotante', molto studiato dalle filosofie orientali, e caratterizzato da una molteplicità di stati possibili della premessa maggiore[67].

III.5.3. Company-Wide-Quality Control

Nel 1961 A.V. Feingenbaum, uno dei più grandi esperti americani noto anche in Giappone, definiva il controllo totale di qualità come un: "*sistema per integrare gli sforzi compiuti dai diversi gruppi di un'organizzazione, volti allo sviluppo, al mantenimento e al miglioramento della qualità, così da rendere possibile una produzione e un servizio ai livelli più economici e che permettano la completa soddisfazione del cliente*"[68].

Interpretando questo concetto, i Giapponesi hanno sviluppato il *Company-Wide-Quality Control*. Si tratta di una nuova idea di controllo di qualità che investe tutta l'azienda e non solo le fasi di progettazione, produzione ed il prodotto finale. Per la sua realizzazione è necessario che ogni unità organizzativa di un'azienda si organizzi stabilendo dei propri *standard* ed

---

[67] Ibid., p. 80.
[68] Cfr. ibid., p. 84; e A.F. FEINGENBAUM, *Total Quality Control*, McGraw-Hill, New York, 1961.

agisca in modo collaborativo. Il controllo di qualità tramite lo sviluppo completo del *Company-Wide-Quality Control* trasforma l'atteggiamento verso le attività manageriali e migliora le basi stesse dell'azienda attraverso l'eliminazione degli schemi tradizionali di lavoro[69].

Ecco gli aspetti più operativi delle due concezioni della qualità, quella convenzionale (A) e quella emergente (B)[70]:

A

1- La qualità non è un fattore nella valutazione delle prestazioni.

2- L'attenzione è rivolta alla qualità dei prodotti.

3- I costi di qualità non sono contabilizzati.

4- La prospettiva è funzionale.

5- La qualità è una responsabilità del servizio qualità.

6- La qualità è il risultato delle prestazioni della forza lavoro operaia.

7- I difetti e gli errori devono essere nascosti.

8- I problemi sono causa di attriti.

B

1- La qualità è un fattore di valutazione delle prestazioni.

2- L'attenzione è rivolta alla qualità dei processi produttivi.

3- I costi di qualità sono misurati.

4- La prospettiva è interfunzionale.

5- La qualità è una responsabilità della linea.

6- La qualità è il risultato delle prestazioni del personale indiretto.

7- I difetti e gli errori sono cause potenziali di miglioramenti.

8- I problemi sono occasioni.

---

[69]DE VIO, *Dagli Stati Uniti al Giappone*, pp. 83-84.
[70]V. ibid., p. 85.

IV. IL SISTEMA DI PRODUZIONE TOYOTA (*TOYOTA PRODUCTION SYSTEM*)

IV.1. Taiichi Ohno

Taiichi Ohno, nato nel 1912 a Dairen in Manciuria, è stato l'inventore del Sistema di Produzione Toyota, e per estensione dell'*hard core* produttivo del modello giapponese[71]; della **produzione snella**, la rivoluzionaria filosofia produttiva fondata sulla **fabbrica integrata** e sulla **qualità totale (QT)** o **controllo di qualità totale (TQC)**, che lui stesso, insieme al **controllo qualità (QC)** e i metodi di **ingegneria industriale (IE)**, considerava ottime tecniche di direzione aziendale e produttive create dagli USA[72].

Ha speso tutta la sua vita lavorativa, 45 anni, al servizio della famiglia Toyoda, in particolare con la loro azienda automobilistica, in cui ricopriva fin dall'inizio la più alta direzione, nonostante non fosse un *manager* dotato di titoli accademici: era diplomato in ingegneria meccanica presso la Higher Industrial School di Nagoya. Quindi un tecnico, la cui formazione era avvenuta sul campo, come era accaduto a Frederick Taylor.

Aveva ricoperto ruoli di responsabilità tecnico-organizzativa nei punti più caldi del processo lavorativo: capo reparto in un settore di assemblaggio, *general manager* nel più impegnativo reparto di montaggio motori, direttore esecutivo, e direttore di stabilimento.

---

[71] Per notizie chiare e concise sul modello Toyota, v. anche A. ZAPPI, *Prima di tutto l'uomo. La gestione della conoscenza e delle risorse umane: dalla teoria alla pratica*, II, Pescara, Libreria dell'Università Editrice, 2004 (Collana di Studi e Ricerche Manageriali diretta da Giuseppe Paolone. EA, 6), pp. 22-24.

[72] Cfr. T. OHNO, *Lo spirito Toyota*, Torino, Einaudi, c. 1993 (Einaudi Contemporanea, 21), p. 5.

In circa un trentennio, approssimativamente dal 1945, quando riceveva il 1° incarico di responsabilità, fino al 1975, quando ricopriva la carica di vicepresidente esecutivo, Ohno elaborava il suo sistema e realizzava il "miracolo Toyota", per il quale guadagnerà l'appellativo di **genio della produzione** e farà definire la vicenda del suo gruppo come "uno dei più significativi esempi di successo nella storia dell'impresa"[73].

IV.2. La Toyota Motor Company[74]

La Toyota Motor Company era stata fondata da Kiichiro Toyoda, figlio di Sakichi Toyoda, un inventore dei telai automatici affascinato dai motori e fondatore della Toyoda Spinning and Weaving e della Toyoda Automatic Loom. Il cognome *Toyoda*, che significa 'abbondante campo di riso', era stato cambiato in *Toyota* dal settore pubblicitario della casa automobilistica[75].

Alla fine degli anni Quaranta la Toyota Motor Company era marginale nel mercato dell'auto, dominato dai giganti americani: il numero di vetture prodotte complessivamente nei primi trent'anni della sua attività industriale non raggiungeva nemmeno la metà di quelle che uscivano in un solo giorno dallo stabilimento Ford di Rouge (2.865 contro 7.000). E ancora nel 1950 gli 11.706 autoveicoli (per la maggior parte autocarri) erano un'inezia rispetto ai quasi 4.000.000 di auto prodotte dalla General Motors, o agli oltre 2.000.000 della Ford. Solo agli inizi degli anni Ottanta, la Toyota si classificava al 2° posto dei produttori mondiali con 3.500.000 veicoli, realizzati addirittura con

---

[73]Notizie biografiche su Taiichi Ohno sono nell'*Introduzione* di Marco Revelli, in ibid., pp. XI-XII.
[74]V. ibid., pp. 27-65 (per l'evoluzione del sistema di produzione Toyota); e pp. 107-129 (per la genesi del sistema di produzione Toyota).
[75]Ibid., p. 6, n. 1.

un numero di dipendenti di quasi dieci volte inferiore a quello delle sue più dirette concorrenti occidentali.

La Toyota raggiungeva questo successo grazie alla crescita della produttività: un lavoratore giapponese è impegnato in media 500 ore in più rispetto ad un europeo, e 250 più di un americano. Da un confronto realizzato nel 1987 tra lo stabilimento di Framingham della General Motors e la fabbrica di Takaoka della Toyota risultava che nel primo occorrevano in media 31 ore per l'assemblaggio di un'auto, nella seconda ne bastavano appena 16, e in più il numero di difetti era inferiore di quasi 2/3: 145 difetti ogni 100 auto alla General Motors contro i 45 difetti della Toyota. Inoltre, mentre nello stabilimento americano si lavorava con una quantità di scorte immagazzinate pari a due settimane di lavoro (e con costi di immagazzinaggio proporzionato), alla Toyota lo stoccaggio non superava le due ore[76].

Negli anni Novanta la Toyota produceva 32.000 modelli diversi, con un altissimo livello di personalizzazione del prodotto: in un mese venivano realizzati in media solo 11 modelli uguali tra loro. Il tempo trascorso tra l'ordinazione di un prodotto personalizzato, da parte del cliente, e l'uscita dalla fabbrica non superava i 2 giorni; quello di progettazione di un nuovo modello era di 2 anni, mentre le industrie occidentali impiegavano 4 anni[77].

E tutto ciò grazie alla filosofia di Ohno: alle **idee produttive**; alle intuizioni relative all'abbassamento dei tempi per la sostituzione degli utensili; e all'attenzione sistematica per le applicazioni che assicurano una perfetta sincronicità delle operazioni produttive, e riducono al minimo gli sprechi e i

---

[76] Cfr. ibid., p. XIV.
[77] Ibid., p. XV.

tempi morti[78].

IV.3. Le idee produttive della filosofia di Ohno

Le **idee produttive**, in particolare la minuziosa ricerca delle condizioni tecno-organizzative capaci di creare forme di produzione per piccoli lotti a parità di costi, sono alla base della **fabbrica integrata**.

La **fabbrica integrata** è la fabbrica a sei zeri: zero *stock*, nel senso di zero scorte o di zero immagazzinaggio; zero difetti; zero conflitto; zero tempi morti di produzione; zero tempo d'attesa per il cliente; e zero cartacce o zero burocrazia, vale a dire niente comunicazioni inutili. Si basa su 2 principi, i pilastri del sistema Toyota: il ***just in time*** e l'**autonomazione** o **autoattivazione**.

Il ***just in time***[79] è il principio organizzativo in base al quale ogni attività lavorativa deve essere alimentata "*con i componenti richiesti, al tempo richiesto e nella quantità richiesta*"[80], vale a dire che ogni particolare deve giungere alla stazione di lavorazione sulla catena di montaggio al tempo giusto, senza bisogno di essere immagazzinato ai livelli intermedi.

L'espressione ***just in time***, che non trova l'equivalente nella lingua giapponese, si diffondeva negli anni Sessanta nell'industria navale, quando la produzione di acciaio aveva un'enorme espansione, e la capacità produttiva era talmente in eccesso che i costruttori navali potevano contare

---

[78]La filosofia do Ohno è anche in ibid., pp. 4-65.
[79]Per notizie più approfondite sul *just in time*, cfr. R.J. SHONBERGER, *Tecniche produttive giapponesi. Nove lezioni di semplicità*, a cura di Rda, Angeli, Milano, 1992, pp. 41-73. E OHNO, *Lo spirito Toyota*, pp. 7-10.
[80]S. SHINGO, *Il sistema di produzione giapponese "Toyota" dal punto di vista dell'Industrial Engineering*, Angeli, Milano, 1991, p. 143.

sulle consegne rapidissime delle ordinazioni, scoprendo così i vantaggi di una riduzione drastica delle scorte[81].

L'**autonomazione**, in lingua giapponese *jidoka*, è il prodotto della combinazione dei termini automazione e autonomia, implica il concetto dell'autoattivazione dei lavoratori nel controllo diretto della qualità del prodotto. Non va confusa con la semplice **automazione** e, secondo Ohno, forse è meglio chiamarla **autoattivazione**. Viola il dogma fordista dell'inarrestabilità della catena di montaggio: nelle fabbriche Toyota ogni operaio deve arrestare la linea (tirando una fune o schiacciando un pulsante), non appena sorgono problemi produttivi e non si riesce a compiere perfettamente la propria operazione. Si tratta di un particolare rapporto uomo-macchina, che permette di intervenire immediatamente nel caso si producano difetti del prodotto, autocorreggendo l'errore in tempo reale, nel momento esatto in cui il difetto si è generato[82].

In sintesi, il ***just in time*** punta alla riduzione dei costi elevati di stoccaggio, tipici della produzione in grande serie. Mentre l'**autoattivazione**, responsabilizzando maggiormente gli operai, rimedia ad un grave problema tipico della produzione di massa: l'abbondante moltiplicazione dei difetti, dovuta al non arrestare mai la catena di montaggio, nemmeno in presenza di errori evidenti.

---

[81]OHNO, *Lo spirito Toyota*, p. XVII, n. 1.
[82]Ibid., p. XVIII; per l'autoattivazione, pp. 10-12.

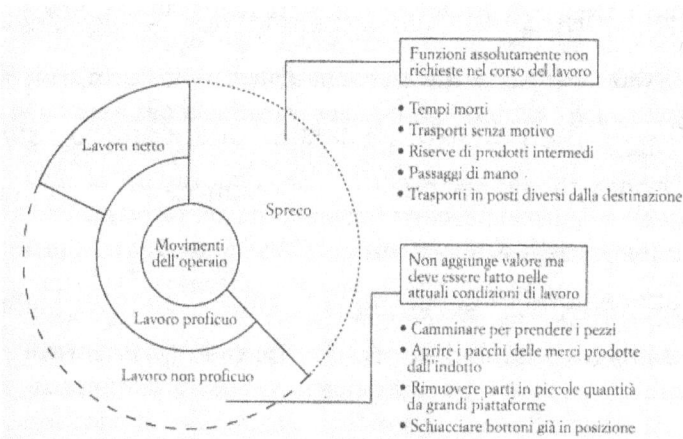

FIG. 1: La funzione produttiva[83]

IV.4. Il sistema Toyota tra rivoluzione produttiva e adeguamento al modello fordista-taylorista

Il sistema Toyota, rispetto al precedente modello fordista-taylorista, rappresenta allo stesso tempo una rivoluzione e una continuazione, un adeguamento del modello fordista-taylorista alle mutate condizioni di mercato.

A considerare il sistema Toyota una vera rivoluzione produttiva è Benjamin Coriat, un attento studioso dell'opera di Ohno, che conia il termine ohnismo, in opposizione agli affermati e superati taylorismo e fordismo. La tesi generale di Benjamin Coriat è che il complesso d'innovazioni organizzative della Toyota possieda la stessa trasferibilità e applicabilità in spazi socio-economici differenti, nei quali e per i quali era stato concepito; e abbia anche la stessa importanza strategica che erano del taylorismo e del

---

[83] Ibid., p. 85.

fordismo, anche se rispetto ad essi costituisce una rottura radicale[84].

Non mancano posizioni divergenti, che sostengono la sostanziale continuità tra ohnismo e fordismo, indicando nel sistema Toyota una forma di radicalizzazione del modello organizzativo taylorista, una sorta di *super fordismo*, realizzato nel contesto giapponese, particolarmente favorevole all'uso intensivo e illimitato della forza lavoro e a pratiche di coinvolgimento comunitario. Questa è la concezione di critici radicali come i tedeschi Dohse, Jürgens e Malsch, per i quali il toyotismo è la pratica dei principi organizzativi del fordismo.

IV.4.1. Analogie del sistema Toyota con il modello di produzione fordista

Il sistema Toyota si presenta come una continuazione del modello organizzativo taylorista, e di quello produttivo fordista. Si può aggiungere che ha permesso la piena realizzazione di alcuni tratti qualificanti e essenziali del progetto di Taylor e di quello di Ford che, all'inizio del Novecento quando erano stati teorizzati, non erano tecnicamente e interamente realizzabili. Si consideri il sogno produttivo di Henry Ford: il mito della fabbrica sincronica, o più semplicemente della fabbrica a flusso totale[85]. Si tratta di uno spazio produttivo integrato e connesso in un unico ciclo perfettamente continuo, con un unico ritmo, secondo il medesimo flusso del prodotto che l'attraversava da un capo all'altro. Marco Revelli porta l'esempio della sfida di River Rouge, a Dearborn: *"Un gigantesco complesso di stabilimenti, compresi in un'area di 5 chilometri quadrati e «organizzati» intorno a un'unica linea di distribuzione*

---

[84]B. CORIAT, *Concetti e prassi del modello giapponese*, in *Il lavoro nella sociologia*, a cura di M. LA ROSA, Roma, Carocci, 2002 (1ª ed. 1993), (Università, 117. Sociologia), pp. 242-265.
[85]Cfr. H. FORD, *Il mio amico Edison*, Torino, Bollati Boringhieri, 1992.

centrale, l'High Line, lunga tre quarti di miglio e destinata a far affluire i materiali a tutti i diversi reparti produttivi, innervando l'intera area e scandendo spazio e tempo sul percorso del prodotto nel suo farsi, dall'arrivo delle materie prime allo scalo merci posto ad un capo all'uscita del prodotto finito al capo opposto"[86]. Ma questa sfida veniva persa: la piena sincronicità di tutte le parti del ciclo lavorativo non era stata raggiunta, perché i mezzi tecnici del tempo permettevano un pieno sincronismo solo per produzioni molto uniformi come quella del "modello T" e non per cicli lavoratvi più articolati. Quindi il progetto fordista del flusso totale, già ad un livello avanzato di realizzazione agli inizi degli anni Venti, doveva retrocedere.

Oggi le capacità organizzative dei Giapponesi e le tecnologie flessibili, a elevato contenuto elettronico, hanno permesso di superare quegli ostacoli legati alla tecnologia meccanica, e di integrare una pluralità di segmenti produttivi in un unico flusso sincronico: i *robo-carries* possono portare i materiali a qualsiasi stazione di montaggio; le linee di montaggio multifunzionali e robotizzate permettono la lavorazione di molti modelli differenti sullo stesso impianto; la monitorizzazione delle linee consente di avere, sempre e in tempo reale, una visione sintetica e globale del flusso del prodotto e dello stato delle scorte.

Il tipo di funzionamento della fabbrica appena descritto è vicino all'originale fordista. Ecco perché Ohno è considerato, come egli stesso dichiara, il più fordista dei produttori contemporanei[87]. In parole più semplici, Ohno è il continuatore e il realizzatore del modello fordista, tanto che il suo modello può essere definito "un fordismo oltre Ford".

---

[86] OHNO, *Lo spirito Toyota*, p. XXI.
[87] Ibid., p. 136.

Lo stesso Taiichi Ohno, infatti, scriveva: "*In ragione della sua forte personalità, Henry Ford sollevò, nel corso della sua vita, numerose polemiche. Il suo antico collaboratore Sorenson scrisse che Ford non era il padre ma lo sponsor del sistema di produzione di massa, colui che l'aveva commissionato. Per parte mia, ritengo che Ford sia stato un grande uomo e sono convinto che se fosse ancora in vita avrebbe inventato egli stesso quello che noi abbiamo messo a punto alla Toyota*"[88].

IV.4.2. Analogie del sistema Toyota con il modello di produzione taylorista

Il sogno di Taylor era quello della forza lavoro a produttività totale, il mito dell'*one best way*, dell'unico modo ottimale per compiere ogni singola operazione. In altre parole l'intera ricerca di Taylor era rivolta a creare un sistema analitico e organizzativo, che consentiva di riempire interamente la giornata lavorativa, ottenendo dall'operaio il massimo della propria capacità produttiva[89].

Ohno trasferiva questo principio dai singoli individui all'organizzazione dell'intera impresa: "*tratta l'organizzazione esattamente come Taylor trattava gli uomini*"[90]. E applicava l'*one best way* non ai movimenti del singolo lavoratore, ma a quelli dell'intera fabbrica e a tutto il sistema produttivo di un determinato bene. La riduzione delle scorte impediva che i rallentamenti a monte e a valle provocassero ingorghi nella produzione, oltre ad evidenziare la quantità di eccessi, di sprechi inutili. Quindi la pratica del metodo

---

[88]Ibidem.
[89]F.W. TAYLOR, *L'organizzazione scientifica del lavoro*, in *Il lavoro nella sociologia*, a cura di LA ROSA, pp. 67-71.
[90]Queste le parole di Marco Revelli nell'*Introduzione* in OHNO, *Lo spirito Toyota*, p. XXIV.

produttivo dello zero *stock* è uno strumento di controllo gestionale che rende trasparente il sistema di fabbrica, come il cronometrista di Taylor aveva la funzione di rendere trasparente il lavoro dell'operaio; e che - usando le parole di Marco Revelli - fa venire a galla le sacche di grasso dell'organizzazione aziendale in modo tale da poterla sgrassare, eliminando le eccedenze (per prime quelle della forza lavoro) e creando le condizioni per una produzione snella[91].

Siamo difronte ad una concezione che non nega ma, anzi, supera la filosofia produttiva taylorista. In altre parole la radicalizza, la applica al sistema di produzione. Marco Revelli, riguardo a ciò, scrive: "*Punta alla riduzione della forbice tra produttività potenziale e produttività effettiva dell'intero universo aziendale, intaccando quei margini di elasticità che il taylorismo delle origini ancora lasciava sopravvivere tra le pieghe dell'organizzazione (con felice metafora il toyotismo è stato definito «un sistema che cerca di strizzare acqua da un asciugamano asciutto»); e gravando in misura crescente - è necessario ricordarlo - sulla forza-lavoro, per la quale comporta da una parte una costante riduzione (la «fabbrica snella» è una fabbrica con pochi operai), dall'altra un crescente grado di controllo. È condotto così alle estreme conseguenze il principio della riduzione assoluta dei «tempi di vita» della forza lavoro a tempi produttivi, che aveva costituito il reale obiettivo dello* scientific management. *E che aveva orientato la ricerca di Taylor*"[92].

Rispetto al taylorismo classico, la filosofia di Ohno non crede che i risultati dell'analisi scientifica siano definitivi, che l'*one best way* sia statico. Ma, al

---
[91]Ibid., p. XXV.
[92]Marco Revelli, *Introduzione*, in ibid., pp. XXV-XXVI.

contrario, basandosi sul concetto orientale di *kaizen*, è rivolta al miglioramento continuo.

IV.4.3. Differenze del sistema Toyota con il modello produttivo fordista-taylorista

Il sistema Toyota si differenzia dal modello produttivo fordista-taylorista, è considerato una filosofia produttiva di rottura, una svolta epocale nell'organizzazione aziendale e nell'intero assetto socio-politico internazionale.

La differenza più evidente riguarda il rapporto con il mercato. La filosofia produttiva fordista era stata concepita nell'epoca della produzione di massa, quindi considerava il mercato illimitato. Il sistema Toyota, invece, si costituisce in condizioni di mercato finito, poiché nasce in un'epoca in cui è necessario far circolare prodotti sempre più differenziati, per un mercato sempre più esigente.

Se nel modello della produzione di massa il potere delle decisioni si collocava al vertice della catena produttiva nelle mani del gruppo di comando, che programmava le proprie scelte in base alla possibilità di un uso ottimale delle risorse tecniche e umane; nel sistema Toyota la scelta produttiva passa al cliente, che si trova al capo opposto del processo lavorativo, sul confine della fabbrica. I Giapponesi, infatti, affermano: "*la Toyota «fabbrica prodotti che sono già venduti», mentre le industrie che seguono il modello della produzione di massa «fabbricano prodotti che eventualmente è possibile vendere»*"[93].

---

[93]SHINGO, *Il sistema di produzione giapponese «Toyota»*, p. 169; e OHNO, *Lo spirito Toyota*, p. XXX, n. 1.

La fabbrica del sistema Toyota rinuncia all'antica programmazione strategica, dominata dal soggetto produttivo, e si attrezza per una pratica occasionalistica, misurata nel tempo e capace di cambiare repentinamente l'organizzazione del lavoro, l'organico delle squadre, la disposizione delle macchine a seconda dei volumi produttivi e del tipo di merce richiesti. Deve assumere, come sostiene Shingo, una razionalità processuale, debole, o flessibile, perché deve adeguarsi costantemente ai cambiamenti[94].

Rispetto al modello fordista c'è un ribaltamento di prospettiva, soprattutto nel sistema di comunicazioni interne, nella tecnica del *kanban*, vale a dire di segnalazione-richiesta del cliente, che è l'anima del sistema Toyota. Per cui, in questo modello, la comunicazione procede esattamente al contrario, da valle a monte: si origina sulla linea di confine tra fabbrica e mercato, nei terminali a diretto contatto con le richieste del cliente.

E ciò non significa che nel sistema Toyota manca una programmazione centrale dei volumi produttivi o un'analisi preventiva del mercato. L'impresa compie, al contrario, ricerche di mercato, investendo in media dai 6 ai 700 milioni di *yen* all'anno e coinvolgendo decine di migliaia di potenziali utenti, per formulare un piano di produzione annuale, che viene dettagliato in piani di produzione mensili. Con l'anticipo di circa un mese si predeterminano numero e tipo dei modelli; si commissionano ai fornitori i particolari e gli accessori prodotti all'esterno dello stabilimento di assemblaggio; si approntano i programmi giornalieri e i comunicati ad ogni linea di produzione. Tutto può essere modificato, in sede operativa, con il solo preavviso di 2 ore, in base all'andamento effettivo della domanda, e al flusso dei *kanban*[95].

---

[94] Ibid., p. XXX; e SHINGO, *Il sistema di produzione giapponese «Toyota»*, pp. 153-154.
[95] OHNO, *Lo spirito Toyota*, p. XXXII, n. 1.

IV.4.3.1. Il punto di forza del sistema Toyota: l'organizzazione

Chester Barnard (1886-1961), americano ed alto dirigente della Bell Telephone Company, per la quale aveva lavorato per quasi quarant'anni, aveva pubblicato nel 1938 *Le funzioni del dirigente*, un testo divenuto un classico per comprendere le organizzazioni. Sosteneva che non era possibile capire il loro funzionamento se non si conoscevano i moventi che spingevano gli individui a contribuire alle organizzazioni stesse. L'oggetto della sua analisi era il rapporto che si stabiliva tra le organizzazioni e gli individui, che a qualsiasi titolo lavoravano per perseguire i loro fini.

Il problema a cui Barnard cercava di dare una risposta era: come è possibile che persone con una loro vita e con propri interessi privati, che non si conoscono e che non hanno nulla a che fare con gli scopi di una organizzazione, decidano ad un certo punto di impegnare il loro tempo e le loro energie per il raggiungimento di quegli scopi?

Per le organizzazioni di lavoro la risposta più comune, ferma all'apparenza, è che gli individui si impegnano a lavorare in cambio di una retribuzione ed eventualmente di alcuni altri vantaggi.

Barnard, non parlando solo di organizzazioni di lavoro, ma anche di quelle politiche, culturali, ricreative, religiose, militari, fornisce un modello capace di riferirsi a qualsiasi categoria di membri che collaborano con l'organizzazione, e dà una risposta diversa. Spiega la nascita di una organizzazione con la **parabola del masso**: "*Supponiamo che un uomo viaggiando su una strada solitaria si imbatta in un masso che gli impedisce di proseguire. Dopo avere constatato che da solo non riesce a spostare il masso, egli attende che* *sopraggiungano altre persone anch'esse interessate a sgomberare la strada. Unendo gli sforzi tutti insieme riescono a spostare il masso: là dove i limiti di una sola persona impediscono di raggiungere un dato scopo, la cooperazione tra più persone interessate al medesimo scopo riesce nell'intento. Ma immaginiamo che il masso sia talmente grande che le quattro persone impegnate a spostarlo non riescano. Esse dovranno richiedere l'aiuto di una quinta persona, supponiamo un contadino che arriva con un trattore. Il contadino non ha interesse diretto a spostare il masso - lui non passa per quella strada - ma di fronte all'offerta di una congrua somma di denaro egli accetta di impiegare il trattore. In quello stesso momento spostare il masso diventa anche il suo scopo. Attraverso la mediazione del denaro il contadino si mobilita per raggiungere uno scopo che non è suo personale ma del gruppo che lo ha chiamato e a cui accetta di partecipare"*[96].

Quindi organizzarsi equivale a formare un sistema cooperativo per superare i limiti dei singoli. E non bisogna dimenticare che gli individui hanno una loro personalità irriducibile che va soddisfatta. In altre parole si devono sempre distinguere gli scopi dell'organizzazione dai moventi personali. Nella **parabola del masso**, infatti, lo scopo dell'organizzazione è di sgomberare la strada. Anche il contadino che arriva con il trattore accetta di collaborare per quello scopo, ma il motivo che lo convince non è lo spostamento del masso, ma il compenso in denaro. Distinguere tra scopi organizzativi e moventi personali comporta che i capi di un'organizzazione non possono preoccuparsi di perseguire solo gli scopi organizzativi: devono considerare anche gli stimoli che spingono i singoli membri a partecipare[97].

---

[96]G. BONAZZI, *Come studiare le organizzazioni*, Bologna, Il Mulino, 2002 (I Manuali. Sociologia), p. 60.

IV.5. La discussione sul modello produttivo giapponese in Italia

La discussione sul modello produttivo giapponese è giunta tardi in Italia, solo all'inizio degli anni Novanta, quando già da oltre dieci anni il volume di Taiichi Ohno era stato pubblicato in Giappone, e da tempo circolava in versione inglese e francese.

È stata importata da Cesare Romiti, l'amministratore delegato della Fiat, che alla *convention* di Marentino del 20-21 ottobre 1989[98], riconosceva la superiorità del sistema di produzione giapponese e denunciava il rischio, per l'azienda torinese, di uscire dal mercato se non avesse adeguato i propri *standard* di qualità e di efficienza a quelli dell'industria nipponica. Queste sono le sue parole: "*Dobbiamo prepararci a una competizione a cui oggi non siamo abituati, molto più severa, molto più agguerrita, contro un'offerta quale quella del prodotto giapponese che giocherà qui, sul mercato europeo, in maniera massiccia. Voi tutti (siete uomini dell'auto, di produzione, commerciali, amministrativi) sapete in che maniera i giapponesi affrontano*

---

[97]Per notizie più approfondite sulle organizzazioni come sistemi cooperativi, v. ibid., pp. 57-91.
[98]Marco Revelli nell'*Introduzione*, in OHNO, *Lo spirito Toyota*, p. XXXV, n. 1, riferisce che il testo dell'intervento e una sintesi dei lavori erano stati resi pubblici da *Il Manifesto* nell'aprile 1990, negli articoli: "«È l'ora della rivoluzione». Un discorso riservato di Cesare Romiti ai dirigenti dell'Auto"; e "«Le mani sui nostri cervelli». L'offensiva di Romiti e i giapponesi" di L. Campetti e G. Polo.

questo problema: con l'ansia di voler sconfiggere il mondo occidentale. Non hanno pietà. [...] i giapponesi riescono a produrre, rispetto agli europei, o per lo meno rispetto al prodotto Fiat, con un costo del 30 per cento più basso (e 30 per cento vuol dire un terzo del costo del prodotto); riescono a mettere un prodotto sul mercato con tempi che sono pari a due terzi in meno rispetto ai nostri; riescono a offrire una gamma di prodotti che è molto più ampia, più diversificata non soltanto della nostra Fiat, ma degli europei, e infine sono capaci di costruire reti di distribuzione che agli europei oggi sono sconosciute [...] Se noi non affronteremo questo problema corriamo il rischio di scomparire dal mercato"[99].

Nello stesso contesto venivano presentati i dati, relativi alla qualità del prodotto Fiat: la difettosità delle auto uscite dagli stabilimenti torinesi, tra il 1983 e il 1988, era più che doppia rispetto a quella delle auto giapponesi (da 600-450 difetti per 100 auto contro 200-250 difetti); ed era superiore anche a quella dei più diretti concorrenti occidentali (sempre ogni 100 auto, 400 difetti in media per la Ford, poco di più per la Renault, 300 per la Volkswagen)[100].

L'azienda Fiat capiva che la velocità di miglioramento del loro prodotto, essendo più lenta rispetto a quella della Nissan e della Toyota, in futuro avrebbe causato una maggiore differenza di qualità. E che solo un cambiamento di paradigma, una svolta nel sistema organizzativo, volta all'assimilazione del modello gestionale giapponese, avrebbe rilanciato la possibilità di reggere la competizione.

IV.6. I prerequisiti del modello giapponese: la difficoltà di applicazione

---

[99] Il discorso è riportato da Marco Revelli nell'*Introduzione*, in ibid., p. XXXVI.
[100] Per questi dati cfr. ibid., p. XXXVII.

in Occidente[101]

I prerequisiti politico-sociali del modello giapponese, che non sono dichiarati nel libro di Ohno, ne garantiscono la stabilità e l'efficacia, e spiegano le difficoltà di applicazione che il modello ha incontrato in Occidente.

Tra i tanti, si può ricordare il mercato del lavoro giapponese. Le grandi imprese, infatti, gestiscono in forma egemonica l'intera vita sociale della forza lavoro. Si può parlare di:

-*primo mercato* o *mercato della lealtà* (30% dei lavoratori). A questo livello è richiesta fedeltà al lavoratore, e in cambio è garantito l'impiego a vita (*shigoto*) e spesso l'assunzione dei figli; un percorso di carriera certo; un'abitazione; prestazioni assistenziali fornite direttamente dall'impresa: sanità, pensione, servizi sociali, minori oneri fiscali, che in Giappone sono al livello più basso del mondo, meno del 10% del salario.

-*Secondo mercato* (30% dei lavoratori, in prevalenza donne). Più marginale e meno garantito, è costituito dagli impiegati delle piccole imprese.

-*Terzo mercato* o *mercato mercenario* (30% dei lavoratori). Privo di ogni garanzia e stabilità, impiega i lavoratori quando il mercato lo richiede, e li espelle quando la domanda scende.

Altro prerequisito è la struttura del salario giapponese, anch'essa fortemente differenziata più che dalla funzione o dal ruolo produttivo, dalla fedeltà. Marco Revelli scrive: "*Il salario corporativo giapponese, infatti è fortemente legato all'anzianità e alla carriera pregressa. Esso non dipende*

---
[101]Ibid., pp. XXXIX-XL.

dalla mansione, ma dalla «storia» del lavoratore in quell'industria: ogni anno, a primavera, ognuno viene valutato dal proprio superiore diretto, e ottiene una variazione di salario oscillante entro una fascia che va da +15 per cento a -15 per cento, sulla base di determinati criteri (assenteismo, grado di collaborazione, idee per migliorare il prodotto, disciplina, ecc.), cosicché in qualunque momento della propria vicenda lavorativa la retribuzione funziona come una sorta di «memoria» monetaria, che sintetizza l'intero percorso aziendale pregresso. Ciò è tanto più significativo in quanto la parte variabile del salario è particolarmente estesa: solo un terzo è costituito dalla paga base, mentre i restanti due terzi sono rispettivamente composti dai premi di produzione e dallo straordinario. In compenso, coerentemente con la filosofia della «comunità aziendale», il differenziale salariale tra dipendenti e dirigenti è ben più ridotto che in Occidente (un dirigente giapponese guadagna dieci volte meno di un suo pari grado americano)"[102].

IV.7. Le origini della storia economica del Giappone nella testimonianza di Taiichi Ohno

Il volume di Taiichi Ohno, *Lo spirito Toyota*, è un documento importante per la storia economica giapponese dal dopoguerra ai nostri giorni. Nel primo paragrafo: "*È stata la crisi petrolifera ad aprirci gli occhi*" Ohno spiega le origini del modello giapponese e il suo trionfo sul sistema di produzione di massa americano, che si era diffuso in Giappone durante la crescita economica conosciuta nei quindici anni successivi al 1959-1960. Si tratta di una suggestiva testimonianza di chi ha vissuto personalmente gli eventi

---

[102]Marco Revelli, *Introduzione*, in ibid., pp. XL-XLI.

raccontati, pertanto l'ho trascritta fedelmente:

"La crisi petrolifera e la conseguente recessione, che hanno interessato l'occidente a partire dagli ultimi mesi del 1973, hanno coinvolto governi, gruppi industriali e società di tutto il mondo. Durante il 1974 l'economia giapponese crollava a livello di «crescita zero», l'intero sistema industriale risentiva pesantemente di tale situazione. In questo panorama critico, caratterizzato da una caduta generalizzata dei profitti, la Toyota Motor Company, riuscì, eccezionalmente, a contenere la flessione, riprendendo fin dal 1975 a realizzare una crescita dei propri utili. Questa positiva anomalia ha fatto sì che la Toyota assumesse un ruolo di primo piano sulla scena economica internazionale, al quale si accompagnava una crescente curiosità per la sua organizzazione produttiva.

Prima della crisi petrolifera, quando illustravo la tecnologia industriale e il sistema di produzione Toyota, incontravo scarso interesse. Con la fine del periodo d'espansione economica è però apparso chiaro che il tradizionale modello di produzione di massa americano - che fino ad allora aveva funzionato bene e a lungo - non sembrava più adeguato e proficuo per il sistema industriale.

Evidentemente i tempi erano cambiati. Nel primo dopoguerra nessuno poteva ancora immaginare che il numero di auto prodotte sarebbe aumentato fino a raggiungere il livello odierno. Per decenni il sistema industriale americano aveva tagliato costi di fabbricazione, producendo in grande quantità un limitato numero di modelli. Quello era un modello produttivo tipicamente americano, non giapponese, perché il nostro problema era esattamente opposto: ottenere l'abbassamento dei costi producendo molti modelli in un numero limitato di esemplari. L'eccezionale crescita economica conosciuta dal Giappone nei quindici anni successivi al 1959-1960 aveva permesso, anche nel nostro paese, la diffusione del modello di produzione di massa americano. Ciò nonostante, continuavamo ad avere presente che un'imitazione incauta del modello americano avrebbe potuto rivelarsi pericolosa, e a chiederci se fosse stato invece possibile - abbassando i costi - qualificare la nostra produzione puntando sulla diversificazione dei modelli, pittosto che sulla qualità. Continuavamo anche a credere che un modello di produzione giapponese così qualificato avrebbe potuto competere e superare il sistema di produzione di massa americano"[103].

Conclusione

Il Giappone ha una storia ricca di avvenimenti, tant'è che nel ventesimo secolo da nazione distrutta è diventata la seconda potenza economica mondiale. Ecco perché negli anni Ottanta si è parlato di "miracolo giapponese". Ma oggi, all'inizio del ventunesimo secolo, il Giappone vive in difficoltà economiche, politiche, sociali e ideali.

Capisaldi del "modello giapponese" sono il ***just in time*** e la **produzione snella**, combinate con la **comunità di interessi** (il cosidetto **collettivo virtuoso**), le **relazioni industriali, sindacati di livello aziendale** e un **sistema occupazionale che garantisce**, a meno della metà della forza lavoro, **un'occupazione a vita**.

Tutto il sistema di vita giapponese ha contribuito alla realizzazione del "miracolo" grazie all'ideale su cui si basa la loro società: *l'amaeru*

---
[103] Ibid., pp. 3-4.

(atteggiamento positivo nei confronti dello spirito di dipendenza).

Il presente lavoro ha voluto focalizzare l'attenzione sul contributo del **Knowledge Management** alla competitività dell'impresa giapponese.

Il **Knowledge Management** è una disciplina manageriale che studia la conoscenza organizzativa e si occupa di individuare le metodologie e gli strumenti atti alla sua gestione; basti citare il caso Matsushita e il modo in cui è riuscita ad ottenere il maggiore sviluppo delle creatività dei propri dipendenti. Ma al **KM** si è giunti attraverso teorie diverse che ne hanno posto le premesse. Negli anni Cinquanta si sviluppa la teoria del **Total Quality Management**: che si avvicina al pensiero del **KM** in quanto considera fonte importante per il successo aziendale l'elemento umano, non solo dal lato interno (dipendenti, collaboratori), ma anche dal lato esterno (gli stessi clienti). Le **curve di apprendimento** rappresentano un modello che consente di ridurre i costi unitari di prodotto, grazie all'aumento della produzione in conseguenza dell'abbattimento dei costi diretti di manodopera per effetto della crescita di esperienza degli addetti. La **Lean Production** è molta vicina al modello del **Total Quality Management**: tende a stimolare i gruppi di lavoro per migliorare i risultati. "*Conosci il tuo nemico e conosci te stesso; in cento battaglie non sarai mai in pericolo*", con questa frase del generale cinese Sun Tzu si può comprendere il **Benchmarking** mentre il **Business Process Reengineering** (teoria nata negli U.S.A) orienta la sua attenzione sul cliente. Riguardo al **KM** gli Occidentali considerano le conoscenze esplicite e tangibili, facilmente spiegabili e trasmissibili. Gli Orientali e più specificatamente i Giapponesi, invece, parlano di conoscenze tacite, che non possono essere trasmesse. Gli Americani stanno cercando di assimilare la lezione Giapponese, secondo cui la strategia migliore è la seguente: l'impresa che progredisce con continuità è in grado di conseguire un vantaggio competitivo difendibile.

Il padre del Sistema di Produzione Toyota, e per estensione dell'**hard core** produttivo del "modello giapponese", è Taiichi Ohno, che si è guadagnato l'appellativo di genio della produzione. Negli anni Novanta la Toyota produceva 32.000 modelli diversi grazie alla filosofia di Ohno, alle idee produttive, alle intuizioni relative all'abbassamento dei tempi per la sostituzione degli utensili, all'attenzione sistematica per le applicazioni che assicurano una perfetta sincronicità delle operazioni produttive e riducono al minimo gli sprechi e i tempi morti. Molti sono i punti in comune tra il modello fordista-taylorista e il sistema Toyota: Ohno "tratta l'organizzazione esattamente come Taylor trattava gli uomini". Il *one best way* viene applicato non ai movimenti del singolo lavoratore, ma a quelli dell'intera fabbrica e a tutto il sistema produttivo di un determinato bene. Ad eccezione del rapporto con il mercato (Ford considerava il mercato illimitato, Ohno finito) il modello Toyota può essere considerato una rivoluzione e una continuazione del modello fordista-taylorista.

Al giorno d'oggi molti studiosi si chiedono quale sarà il futuro del Giappone. La scommessa del terzo millennio è se e in quale misura prevarranno le spinte provenienti dalla società, oppure se le istituzioni riusciranno ancora una volta a imporsi, mantenendo un saldo controllo sociale, che è il prerequisito più importante per il successo del modello giapponese.

Bibliografia

AA.VV., *Dizionario Enciclopedico Italiano*, V, Roma, Istituto Enciclopedico Italiano fondato da Giovanni Treccani, 1970.

BALDI A., *Tradizione e cambiamento nell'impresa: l'esperienza giapponese*, Bologna, Istoa, 1984.

BEASLEY W.G., *Storia del Giappone moderno*, Torino, Einaudi, 1969 (Piccola Biblioteca Einaudi).

BELLAH R.N., *Tokugawa religion. The values of pre-industrial Japan*, New York, The Free Press, 1957.

BEONIO BROCCHIERI P.-BOSCARO A., *Storia del Giappone e della Corea*, Milano, Marzorati, [1972] (Clio).

BERSIHAND R., *Storia del Giappone*, Bologna, Cappelli, 1961.

BOARI C., *Le trading company giapponesi. Ruolo, struttura, gestione*, Bologna, Lorenzini, 1984.

BONAZZI G., *Come studiare le organizzazioni*, Bologna, Il Mulino, 2002 (I Manuali. Sociologia).

CARDUCCI G., *Rapporto sull'economia giapponese*, Roma, Banca d'Italia, 1973.

CINTI F.-GANDINI M., *Kazuo Morohoshi. Toyota design*, Milano, Automobilia, 2003.

COLLOTTI PISCHEL E. (a cura di), *Capire il Giappone*, Milano, Angeli, 1999.

CONSORTI A., *Il successo dell'azienda. Schemi d'analisi,* Torino, Giappichelli, 1994 (Collana di Studi e Ricerche sul Sistema-Azienda diretta da Giuseppe Paolone. S.A., 2).

CORIAT B., *Concetti e prassi nel modello giapponese*, in *Il lavoro nella sociologia*, a cura di Michele La Rosa, Roma, Carocci, 2002 (1ª ed. 1993), (Università, 117. Sociologia), pp. 242-265.

CORIAT B., *Ripensare l'organizzazione del lavoro*, Bari, Dedalo, 1991.

CORRADINI P., *Il Giappone e la sua storia 2*, Roma, Bulzoni, 2003.

CORRADINI P., *Introduzione alla storia del Giappone*, Roma, Bulzoni, 1992 (Biblioteca di cultura, 448).

D'EGIDIO F.-MOLLER C., *Vision and lesdership*, Milano, Angeli, 1992.

DE PALMA D., *Storia del Giappone contemporaneo. 1945-2000*, Roma, Bulzoni, 2003.

DEL BENE MARCO, *Marxismo in Giappone*, in AA.VV., *Dizionario di storiografia*, XVI, Milano, Mondadori, 1996.

DE VIO S., *Dagli Stati Uniti al Giappone: andata e ritorno. La nuova competizione industriale*, Torino, ISEDI, 1985.

DOI T., *Alle radici del modello giapponese*, in *Il lavoro nella sociologia*, a cura di Michele La Rosa, Roma, Carocci, 2002 (1ª ed. 1993), (Università, 117. Sociologia), pp. 235-241.

DRUCKER P.F., *Post capitalist society*, Oxford, Butterworth Heinemann, c. 1993 (rist. New York, Harper Business, 1994).

FEINGENBAUM A.F., *Total Quality Control*, New York, McGraw-Hill, 1961.

FODELLA G., *Dove va l'economia giapponese. L'estasia verso l'egemonia mondiale*, Roma, NIS, 1989.

FUJIMOTO T., *The evolution of a manufacturing system at Toyota*, New York-Oxford, 1999.

GALGANO A., *Ichiro e la qualità totale: storia di un imprenditore*, Milano, Edizioni del Sole 24 ore, 1991.

GASPARINI I., *Prospettive e problemi dell'economia giapponese*, Padova, CEDAM, 1973.

GATTI F., *Storia del Giappone contemporaneo*, Milano, Mondadori, 2002 (Biblioteca del Novecento).

GOVINDARAJAN V.-SHANK J.K., *La gestione strategica dei costi. Contabilità direzionale e vantaggio competitivo*, Milano, Il Sole 24 ore Libri, 1996.

GUIZZETTI A., *Attorno all'enigma giapponese*, in *Il lavoro nella sociologia*, a cura di Michele La Rosa, Roma, Carocci, 2002 (1ª ed. 1993), (Università, 117. Sociologia), pp. 219-234.

HALL J.W., *L'Impero giapponese*, Milano, Feltrinelli, 1969.

IMAI M., *Kaizen. Lo spirito giapponese del miglioramento*, Milano, Edizioni del Sole 24 ore, 1988 (1° ed. 1986).

INOHARA H., *Lo sviluppo delle risorse umane nelle aziende giapponesi*, Milano, Editoriale Itaca, 1993.

INUMARU K.F., *Le relazioni industriali e l'incentivazione del lavoro in Giappone*, Milano, Società e studi internazionali, 1983.

ITAMI H., *Le risorse invisibili*, Torino, GEA ISEDI, 1988.

ITO T., *L'economia giapponese*, Milano, EGEA, 1995.

KATAYAMA O., *Japanese business into the 21 century*, London, Atlantic Highlands, 1966.

KONRAD N., *Breve storia del Giappone politico sociale*, Bari, Laterza, 1936.

LA ROSA M., *Il modello giapponese*, Milano, Angeli, 1989.

MORIAKI T., *Shaping the future of Japanese management. New leadership to overcome the impending crisis*, Tokyo, LTCB international library fundation, 1997.

MARX K.-ENGELS F., *India, Cina, Russia. Le premesse per tre rivoluzioni*, Milano, Il Saggiatore II°, 1970 (I gabbiani, 84).

MOUNIER E., *Che cos'è il personalismo*, Torino, Einaudi, 1948.

MUCCIOLI M., *Il Giappone*, Torino, UTET, 1970.

NAKANE C., *La società giapponese*, Milano, Cortina, 1992.

NAKANE C., *La società giapponese*, in *Il lavoro nella sociologia*, a cura di Michele La Rosa, Roma, Carocci, 2002 (1ª ed. 1993), (Università, 117. Sociologia), pp. 225-234.

NAKANE C., *Human relations in Japan*, Tokyo, Ministry of foreign affairs, 1972.

NAKANE C., *Kinship and economic organization in rural Japan*, London, The Athlone Press, 1967.

NONAKA I.-TAKEUCHI H., *The knowledge-creating company. Creare le dinamiche dell'innovazione*, a cura di Umberto Frigelli e Kazuo Inumaru, Milano, Guerini e Associati, 2001 (1° ed. 1997).

NONAKA I.-JOHANSSON J.K., *Senza tregua. L'arte giapponese del Marketing*, Milano, Baldini & Castoldi, 1977.

OHME K., *La triade del potere: le strategie vincenti per imporsi sul mercato mondiale*, Milano, Sperling & Kupfer, 1985.

OHME K., *Noi giapponesi nell'era dell'economia globale*, Milano, Edizioni del Sole 24 ore, 1987.

OHME K., *The mind of strategist: the art of japanese business*, New York, McGraw Hill, 1982.

OHNO T., *Lo spirito Toyota*, Introduzione di Marco Revelli, Torino, Einaudi, c. 1993 (Einaudi Contemporanea, 21).

OKIMOTO D., *Between MITI and the market. Japanese industrial policy for high technology*, Stanford, Stanford University Press, 1990.

OKIMOTO D.- ROHLEN T.P., *Inside The japanese system. Readings on contemporary society and political economy*, Staford, Stanford University Press, 1988.

OUCHI W.G., *Theory Z: how american business can meet the Japanese challenge*, New York, Avon Books, 1982.

PAOLONE G.-D'AMICO L. (a cura di), *L'economia aziendale nei suoi principi parametrici e modelli applicative,* Torino, Giappichelli, 2001 (Collana di Studi e Ricerche sul Sistema-Azienda diretta da Giuseppe Paolone. S.A., 16).

PASCALE R.T., *Le sette S, ovvero L'arte giapponese di gestire con successo l'azienda*, Milano, Mondadori, 1982.

SARGIACOMO M., *Il comportamento manageriale e best-practices nell'azienda USL*, Torino, Giappichelli, 2003.

SHINGO S., *Il sistema di produzione giapponese "Toyota" dal punto di vista dell'Industrial Engineering*, Angeli, Milano, 1993.

SCHONBERGER R.J., *Tecniche produttive giapponesi. Nove lezioni di semplicità*, a cura di Rda, Milano, Angeli, 1992.

SENGE P.M., *The fifth discipline. The art and practice of the learning organization*, New York, Doubleday currency, c. 1990 (trad. it. *La quinta disciplina*, [Milano], Sperling & Kupfer, 2001.

SOFRI G., *Il modo di produzione asiatico: storia di una controversia marxista*, Torino, Einaudi, [1969], (Piccola Biblioteca Einaudi, 121).

SHINZABURO O.-NAKANE C., *Tokugawa Japan: the social and economic antecedents of modern Japan*, Tokyo, University of Tokyo press, c. 1990.

SUZUKI Y., *Japanese management structures, 1920-1980*, New York, St. Martins press, c. 1991.

TAYLOR F.W., *L'organizzazione scientifica del lavoro*, in *Il lavoro nella sociologia*, a cura di Michele La Rosa, Roma, Carocci, 2002 (1ª ed. 1993), (Università, 117. Sociologia), pp. 67-71.

TOYODA E., *La fabbrica della qualità. Toyota fifty years in motion*, Milano, IPSOA scuola d'impresa, 1990.

TOYODA E., *Toyota. Fifty years in motion: an autobiografy by the chairman, Eiji Toyoda*, Tokyo-New York, 1987.

THUROW L.C., *Giappone oltre la crisi. Lezioni asiatiche per l'economia globale*, Milano, Il Sole 24 ore Libri, 1999.

THUROW L.C., *The management challenge. Japanese view*, Cambridge, The MIT Press, 1985.

YOSHINO M.Y., *Japan's managerial system. Tradition and innovation*, Cambridge, The MIT Press, 1968.

VOGEL E.F., *Japan as n. 1. Lessons for America*, Tokyo, Tuttle, 1980.

ZAPPI A., *Prima di tutto l'uomo. La gestione della conoscenza e delle risorse umane: dalla teoria alla pratica*, I, Pescara, Libreria dell'Università Editrice, 2004 (Collana di Studi e Ricerche Manageriali diretta da Giuseppe Paolone. EA, 6).

ZAPPI A., *Prima di tutto l'uomo. La gestione della conoscenza e delle risorse umane: dalla teoria alla pratica*, II, Pescara, Libreria dell'Università Editrice,

2004 (Collana di Studi e Ricerche Manageriali diretta da Giuseppe Paolone. EA, 7).

Note sull'autore

Bartolomeo Battaglia ha conseguito la laurea specialistica in Economia e Managment presso l'Università "G. d'Annunzio" di Pescara con votazione 110/110 e lode. Ha lavorato come docente presso il Ciapi, campus internazionale di formazione. È stato membro effettivo del collegio sindacale della Confidi Abruzzo. Attualmente gestisce la società di costruzioni SACE srl di costruzioni, collabora con uno studio di commercialisti ed è membro del consiglio del Gruppo Giovani Imprenditori della Confindustria di Pescara.